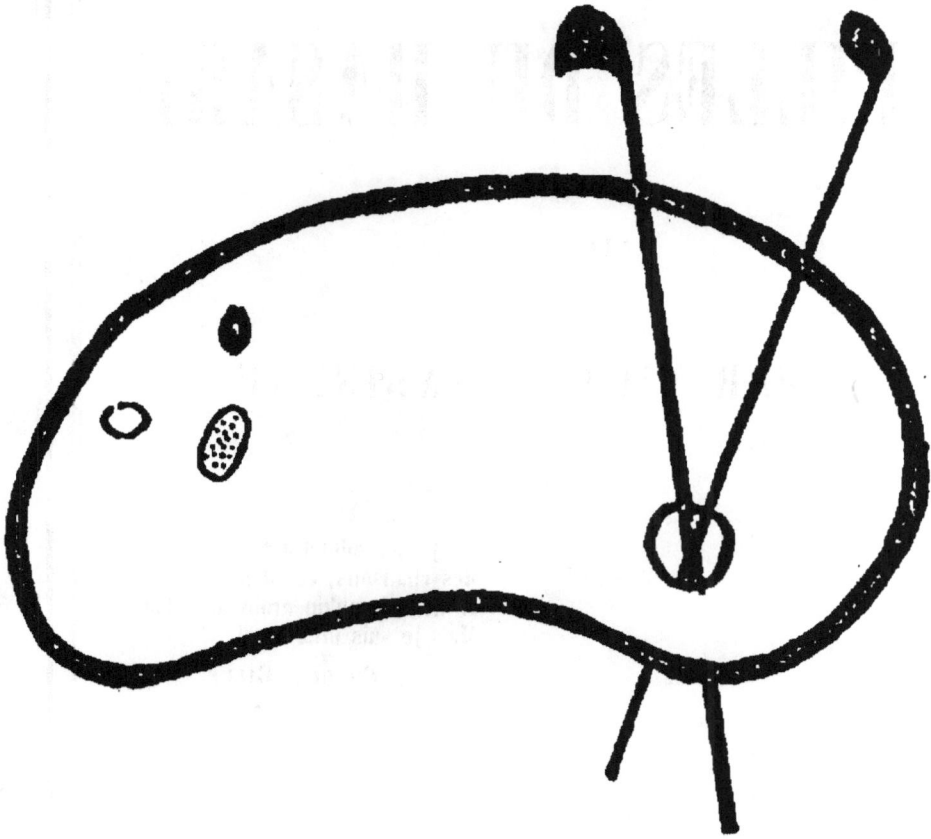

**COUVERTURE SUPÉRIEURE ET INFÉRIEURE
EN COULEUR**

LES
FILLES DU HASARD

CHANSONS

PAR VICTOR RABINEAU

Le peuple admet à sa table
Mes chansons, et dit merci.
Je ne suis qu'un grain de sable,
Mais je suis utile aussi.

CHARLES GILLE.

PARIS

CHEZ L'AUTEUR, RUE BEAUREGARD, 28

1860

PARIS. — IMPRIMERIE DE ÉDOUARD BLOT, RUE SAINT-LOUIS, 46.

LES

FILLES DU HASARD

Paris. -- Imprimerie de ÉDOUARD BLOT, rue Saint-Louis, 46.

LES
FILLES DU HASARD

CHANSONS

PAR VICTOR RABINEAU

Le peuple admet à sa table
Mes chansons, et dit merci.
Je ne suis qu'un grain de sable,
Mais je suis utile aussi.

CHARLES GILLE.

—

PARIS

CHEZ L'AUTEUR, RUE BEAUREGARD, 28

—

1860

CONFIDENCES.

—

Dans le monde des affaires, un débutant ne peut espérer de crédit qu'en raison de sa valeur commerciale ; de même, lorsqu'un nom nouveau s'inscrit au grand livre de la presse, une curiosité légitime s'enquiert tout d'abord de sa signification, et, si l'œuvre qui apparaît ne la dessine pas nettement, l'auteur risque fort de faire tache dans les rayons de la publicité. Telle est pourtant la situation défavorable que je me crée en lançant ce recueil. Les chansons qu'il contient, nées des impressions du moment, dans des dispositions d'esprit fort dissemblables, à des époques tout aussi tranchées, véritables *filles du hasard*, sont loin de formuler dans leur ensemble une pensée quelconque, que j'aurais peut-être accusée, s'il m'eût été permis d'y réunir quelques-unes de leurs sœurs, enfants terribles de la famille, qui ne peuvent se produire devant la difficulté des circonstances. J'ai dû opérer cette castration volontaire, ou ne rien imprimer du tout. Ce dernier parti sans doute n'eût pas sensiblement affligé le public ; mais, d'un côté, le désir de paraître, naturel à tout auteur, si minime qu'il soit, d'un autre, l'obligeante insistance d'un ami qui m'avance les moyens matériels de cette publication, d'un autre, enfin, les sollicitations affectueuses d'un cercle d'intimes, m'ont donné le courage d'affronter l'inquisition réservée aux inconnus. Et puis ces chansons sont presque toutes écloses dans le giron des sociétés chantantes, dont je vois encore quelques membres dispersés. Ils en connaissent une bonne partie, et s'en font une opinion si flatteuse qu'ils les considèrent comme une protestation contre un article publié dans *le Siècle*, le 11 octobre dernier, article transcendant de morgue railleuse, dont voici un échantillon :

« Paris et sa banlieue seulement comptent, au so-
» leil du gaz ou de la chandelle, 480 sociétés lyriques
» et composantes autorisées, lesquelles ne sauraient
» chiffrer moins de 20 sociétaires réguliers chacune ;
» total, 9,600, lesquels tous 9,600 chansonniers sont
» loyalement tenus à fournir une chanson par mois.
» Résultat formidable : 115,200 chansons par an, non
» pas bonnes toutes, mais toutes chantées, ce qui re-
» vient au même pour votre gloire, tendres *Lapins,*
» mélodieux *Oiseaux,* fidèles *Bergers de Syracuse* et
» autres nids cacophoniques ! Laissons faire l'Orphéon
» et son journal : ils absorberont toutes ces rimaillo-
» factures. »

D'abord, l'à-propos manque, puisque Paris et ses annexes ne comptent plus une seule de ces sociétés, fermées par ordre supérieur longtemps avant la publication de cette fantasque statistique. Son auteur n'est pas mieux informé sur le nombre et la composition des sociétés chantantes, qu'il a sans doute involontairement confondues avec les cabarets vulgaires toujours et partout ouverts aux braillards avinés.

S'il eût, à l'exemple de quelques-uns de ses confrères de la presse, visité dans le temps une seule de nos réunions, il en serait sorti, comme eux, en rendant justice aux joies décentes des ouvriers qui s'y rendaient; il n'eût pas écrit si légèrement ce fabuleux total de chansons et de chansonniers. Dans cette excursion, peu compromettante pour sa grandeur, à travers le peuple versifiant, à défaut de poésie immaculée, *rara avis* là comme ailleurs, il eût peut-être rencontré sans trop de déplaisir les Lachambeaudie, les Festeau, les Colmance, les Charles Gille et autres *rimaillofacteurs*. Il eût, du moins, épargné à un journal démocratique le regret d'une plaisanterie mal adressée. Pas une de ces sociétés qui ne fût un foyer de patriotisme; aussi chantaient-elles, plus volontiers que l'amour et le vin, les idées avancées, auxquelles elles ont dû le secret de leur propagation et de leur fermeture.

Quant à l'Orphéon, loin d'avoir l'intention d'absorber les *nids cacophoniques*, il leur venait en aide; beaucoup de ses élèves en faisaient partie, et leurs chœurs y alternaient souvent avec la chanson railleuse ou caustique, qui, pour son compte, peut se passer de musique savante.

L'Orphéon, du reste, n'avait pas besoin de nos ruines pour s'élever. La différence des genres excluait l'idée même d'une rivalité, et il rencontre partout d'assez puissantes protections. Le rédacteur du *Siècle* pouvait, sans s'égayer à nos dépens, exalter les sociétés chorales. Il est généralement admis que la musique est l'instrument par excellence pour moraliser les masses. Il y a bien quelques *mélophobes* qui prétendent qu'elle les énerve, et osent attribuer à son influence le long asservissement de l'Italie :

« Dans ces chants, disent-ils, où chacun fait sa » partie, la voix et l'oreille seules sont occupées, et » la pensée du poëte, quand il y en a une, est aussi

» inintelligible aux exécutants qu'à l'auditoire. La
» poésie récitée, la bonne chanson même impres-
» sionnent moins vivement peut-être, mais d'une ma-
» nière plus durable, l'intelligence et le cœur. »

Il peut y avoir quelque chose de vrai autour de ce
paradoxe ; cependant je crois qu'il est plus sage de
dire, avec Charles Gille :

> La poésie est sœur de la musique,
> Et tous les arts se tiennent par la main.

Qu'elles vivent donc fraternellement. J'apporte un
petit contingent de paroles qui ont déjà exercé quelques musiciens de mes amis.

Si elles ne sont pas l'expression de la chanson telle
que nous en avons des modèles, telle que je la com-
prends et ne puis la faire, du moins elles sont le spé-
cimen ordinaire de ce qui s'élaborait dans les sociétés dissoutes, et, à ce titre, les laveront peut-être de
l'ironie dédaigneuse dont on les a maculées.

Échos bien affaiblis des réunions lyriques de Belle-
ville, elles font, avec le lieu natal, leur entrée dans
Paris. Que l'annexion leur soit légère !

15 février 1860.

———————

Tous les Airs de ces Chansons se trouvent

CHEZ L. VIEILLOT, ÉDITEUR DE MUSIQUE,

Rue Notre-Dame-de-Nazareth, 82, à Paris.

LES
FILLES DU HASARD

KILLERY.

A mon ami Adolphe BEAUDOIN, négociant à Bissao (côte de Guinée).

Air à faire.

Il me souvient du jour où ta main fraternelle
M'offrit un bel oiseau, dont je revois encor
La tête gris de lin, à l'ardente prunelle,
Les ailes d'émeraude et le corsage d'or.
Las! pendant que tu fuis vers sa rive natale
Sur ta rapide nef, que mon cœur seul atteint,
Dans les brouillards glacés de notre capitale
Mon oiseau lumineux aujourd'hui s'est éteint!

Tu vas, sous les palmiers, entendre encor ses frères
  Chanter son refrain favori :
   Killery! killery!
Mon gentil marabout a fermé ses paupières ;
  Jamais plus n'entendrai ce cri :
   Killery!

Sans doute il eût vécu sous les immenses dômes
De ses bois parfumés, ondulant encensoir

1

D'où s'élèvent au ciel tant d'étranges aromes
Sous les feux du matin, sur les brises du soir.
Au pied d'un lilas mort, triste et dernier asile,
Maintenant qu'il repose à jamais endormi,
Son chant, écho des lieux où le devoir t'exile,
Ne me rappelle plus que j'y compte un ami.

Tu vas, etc.

Mais pourquoi préluder par des plaintes funèbres
A la chanson follette et trop souvent sans art?
N'attendais-tu pas mieux, toi qui de leurs ténèbres
Évoques au grand jour ces *Filles du hasard*?
Il est plus d'un sujet à ma lyre accessible
Que la reconnaissance à mon cœur indiquait;
Mais j'ai cru que le tien sourirait, plus sensible,
Aux regrets que je donne à mon beau perroquet.

Tu vas, etc.

Quels services sans faste ont marqué ton passage,
Quand le flot te remporte, allégé de bienfaits!
Je voudrais que mon vers, fidèle et doux message,
Pût t'exprimer les vœux des heureux que tu fais.
Je dirais que sans toi, qui flattes mes faiblesses,
A mon œuvre jamais la presse n'eût souri;
Mais tu veux le silence, et des dons que tu laisses
Le seul bruyant était mon pauvre Killery.

Tu vas, etc.

Que ton navire échappe à la brusque rafale!
Nemrod de la science, aborde un sol ardent
Où tu chasses pour elle au trigonocéphale;
Mais surtout prends mieux garde au poison de sa dent!
Où le reptile dort, où l'insecte fourmille,
Dans les arbres remplis d'oiseaux couleur de feu,
Mon perroquet jaseur a laissé sa famille :
Qu'elle chante à ton cœur notre dernier adieu!

Tu vas, sous les palmiers, entendre encor ses frères
Chanter son refrain favori :
Killery! killery!
Mon gentil marabout a fermé ses paupières;
Jamais plus n'entendrai ce cri :
Killery!

14 février 1860.

FLORICOLA.

Musique de A. MARQUERIE.

Sans craindre un regard profane,
Sultan chastement épris,
Dans un palais diaphane
J'ai rassemblé mes houris.

LES FILLES DU HASARD.

Oh! que j'aime à voir dès l'aurore
Les beautés de ce frais sérail,
Vierges pudiques dont j'adore
Le teint d'albâtre et de corail!
J'aime à voir leurs robes brillantes
Que frôle un papillon lutin,
Et leurs perles étincelantes
Aux premiers rayons du matin.

Sans craindre, etc.

Pas une n'est la favorite;
Heureuses par l'égalité,
Jacinthe, rose, marguerite
N'ont jamais de rivalité.
Leur voix est un parfum suave
Dont je m'enivre nuit et jour.
Je suis leur maître et leur esclave;
Nous nous aimons du même amour.

Sans craindre, etc.

Êtes-vous des Orientales
Que pour mon harem je choisis?
Non, belles; vos couches natales,
C'est mon odorante oasis.
Amour fécond, amour sincère,
Jamais te devrai-je des pleurs?

Mon doux sérail est une serre,
Mes odalisques sont des fleurs.

Sans craindre un regard profane,
Sultan chastement épris,
Dans un palais diaphane
J'ai rassemblé mes houris.

LE CHEVEU BLANC.

Musique de A. MARQUERIE.

Berthe aujourd'hui se lève soucieuse :
Ai-je oublié le baiser du matin ?
Mes longs cheveux, sous sa main gracieuse,
Ne sont-ils plus lisses comme un satin ?
Elle pâlit en me montrant la glace,
Et sur mon front promène un doigt tremblant.
Que vois-je ? O ciel ! je vois ce qui la glace :
Berthe a surpris mon premier cheveu blanc.

Fuyons soudain la coquette maîtresse
Dont si longtemps j'admirai la candeur :
L'ingrate sait que, dans ma folle ivresse,
Ce fil d'argent naquit de trop d'ardeur.

1.

Ah ! qu'il me soit un salutaire blâme !
Puisque mon cœur est encore brûlant,
Ménàgeons bien cette divine flamme :
Berthe a surpris mon premier cheveu blanc.

Combien de fois le serment le plus tendre
A-t-il caché l'égoïsme hideux?
En vieillissant notre âme doit s'étendre;
Jeune, on ne sait souvent aimer qu'à deux.
A mon cœur mûr si l'amour est rebelle,
Je ne crains pas un vide désolant :
De l'amitié la part sera plus belle.
Berthe a surpris mon premier cheveu blanc.

Il me souvient de ces transports fébriles
Dont m'enivrait la *folle du logis.*
Illusions, croyances puériles
M'ont fait verser des pleurs dont je rougis.
Ah ! si j'adore encor quelque chimère,
Je veux chanter sous son temple croulant !
Plus on vieillit, moins la peine est amère.
Berthe a surpris mon premier cheveu blanc.

LE PAIN DU BON DIEU.

Musique de A. MARQUERIE.

Fleur de froment plus blanche
Que la fleur d'aubépin,
C'est le pain du dimanche,
Et tu jettes ce pain!
Sais-tu, petite fille,
Qu'il arrive malheur
A l'enfant qui gaspille
Les dons du Créateur?

Oh! quand le pain t'abonde,
Ne t'en fais pas un jeu!
C'est le salut du monde,
C'est le pain du bon Dieu.

Sais-tu, jeune imprudente
Qui ris de ma leçon,
Que, sous la voûte ardente,
Dès qu'on fait la moisson,
Il n'est pas une graine
Des épis bienfaisants
Qui ne coûte une peine
Aux pauvres paysans?
Oh! quand le pain t'abonde, etc.

Quand ta tête songeuse
Au vent du soir s'endort,
Une pâte neigeuse
Cuit dans sa couche d'or.
Ce pain que ta main jette
Est prêt pour ton réveil,
Et celui qui l'apprête
Meurt de nuits sans sommeil.
Oh ! quand le pain t'abonde, etc.

L'oiseau pusillanime,
Trop précoce glaneur,
A prélevé sa dîme
Avant le moissonneur.
Garde plutôt, chérie,
Tes morceaux superflus
Pour le vieillard qui prie
Et ne travaille plus.

Oh ! quand le pain t'abonde,
Ne t'en fais pas un jeu !
C'est le salut du monde,
C'est le pain du bon Dieu.

LA CHANTEUSE DES RUES

Musique de A. MARQUERIE.

Je suis la chanteuse des rues,
La fauvette des carrefours;
A mes accords les foules accourues
M'encouragent toujours.
Tour à tour grave, ou légère, ou touchante,
Je chante
La liberté, la gloire et les amours.

Qui vient là-bas? Une joyeuse troupe.
Un peu de vin les a faits un peu fous.
Qu'autour de moi chacun de vous se groupe;
Gais travailleurs, j'ai des refrains pour vous.
Faut-il, si la journée
A table est terminée,
Qu'en bruyante tournée
La chanson fasse loi?
Écoutez-moi.
Je suis, etc.

Jeune beauté, vous que sur son cœur presse
Celui qu'un jour vous voulez rendre heureux,
Je sais pour vous de ces chants de tendresse
Que vous demande un regard amoureux.

En vain votre œil l'évite :
Quand sa voix vous invite,
Votre cœur bat plus vite,
Tremblant d'un doux émoi.
Écoutez-moi,

Je suis, etc.

Pour vous, soldats, j'ai des chants de victoire
Qui conduiront vos glaives acérés,
Désirez-vous apprendre notre histoire
Dans les refrains par la gloire inspirés ?
J'ai des pages entières
De ces chansons altières
Qui brisent aux frontières
L'étranger mort d'effroi :
Écoutez-moi.

Je suis la chanteuse des rues,
La fauvette des carrefours ;
A mes accords les foules accourues
M'encouragent toujours.
Tour à tour grave, ou légère, ou touchante,
Je chante
La liberté, la gloire et les amours.

LA REINE DÉCHUE.

Musique de M᷊ᵉ Antonia Tissot.

Vous qui vendez si cher l'aumône que vous faites,
Des faiblesses d'autrui scandaleux contrôleurs,
Puritains, allez voir la reine de vos fêtes,
Et jetez-lui la pierre à son lit de douleurs.

Depuis cent jours d'hiver une fièvre cruelle
Tord ses membres glacés sur un mince grabat,
Et, lorsqu'à son secours l'amitié nous appelle,
Un rigorisme impur contre nos cœurs combat.
Mais allez donc la voir, vous qui l'osez proscrire;
Contemplez ce visage aux muscles contractés,
Dont vos regards lascifs mendiaient le sourire
      Avant ses jours d'adversités.
Vous qui vendez si cher, etc.

Lancez-lui maintenant vos ignobles sentences;
Hier pour la flatter vous n'aviez qu'un seul cri,
Heureux qu'elle daignât, lasse de vos instances,
Prêter à vos chansons son organe chéri.
Depuis qu'elle s'éteint en lente pulmonie,
Votre oreille, blasée aux applaudissements,
Ouverte quand sa voix prodiguait l'harmonie,
      Se ferme à ses longs râlements.
Vous qui vendez si cher, etc.

Sans honte oseriez-vous de vos noires malices
Sur elle distiller le malfaisant limon?
Eut-elle des erreurs dont vous n'êtes complices?
Quand l'orgie est en char, vous êtes au timon.
Sous le masque impudent de votre pruderie
Gardez-vous d'insulter au lis abandonné;
Vipères! nous savons que la fleur s'est flétrie
     Sous votre souffle empoisonné.
Vous qui vendez si cher, etc.

Laissons-les blasphémer, pauvre reine déchue!
Ceux dont tu n'as connu ni le fiel ni l'encens,
T'arrachant au venin de leur langue fourchue,
Appelleront vers toi les cœurs compatissants.
Sur la croix infamante où leur orgueil t'attache
Nous ne t'imposons pas d'austères repentirs :
Les pleurs de la souffrance effacent toute tache;
    C'est le baptême des martyrs.

Vous qui vendez si cher l'aumône que vous faites,
Des faiblesses d'autrui scandaleux contrôleurs,
Puritains, allez voir la reine de vos fêtes,
Et jetez-lui la pierre à son lit de douleurs.

TES YEUX N'ONT PAS VIEILLI.

Air : Marguerite, fermez les yeux.

Tu te plains de vieillir, et la peur de déplaire
Exagère chez toi les outrages du temps.
Le cruel, qu'a touché ta naïve colère,
N'a pas pris tous les dons qui charmaient tes vingt ans.
Folle, pourquoi crains-tu de perdre ton empire ?
Ton regard m'interroge, et j'en ai tressailli.
C'est encor de l'amour que ce regard respire :
   Clara, tes yeux n'ont pas vieilli.

Calme donc ton dépit, et sachons nous entendre :
Pour une ride au front le cœur doit-il changer ?
N'es-tu pas, ô ma chère! aussi bonne, aussi tendre ?
A tes plus doux secrets suis-je plus étranger ?
Est-ce une complaisance, un soin que je réclame,
Je lis dans un coup d'œil que je suis accueilli.
C'est toujours le miroir où se peint ta belle âme :
   Clara, tes yeux n'ont pas vieilli.

Mais pourtant quelquefois, grondeuse tourterelle,
Tu gémis aigrement de mes propos moqueurs.
Nous nous en aimons mieux : une bonne querelle
Est le plus court chemin pour rapprocher deux cœurs.
Coupable de quel crime ou de quelle vétille,
Hier me suis-je vu par l'orage assailli ?
Sous leur velours changeant l'éclair encor scintille :
   Clara, tes yeux n'ont pas vieilli.

2

J'ai pu croire, égaré par une fantaisie,
Que sans cesser d'aimer on peut être inconstant,
Et parfois j'ai voulu tromper ta jalousie.
Tromper l'œil féminin! bien fou qui le prétend,
De mes folles amours quel que fût l'intervalle,
Près d'une autre mes sens à peine avaient failli
Que ton premier regard devinait ta rivale :
     Clara, tes yeux n'ont pas vieilli.

DAME RAYMONDE.

Air : *La queue emporte la tête.* (L. FESTEAU.)

Dame Raymonde, vos beaux yeux
Suivent ces guerriers dans la plaine ;
Ils ont tous reçu vos adieux
Et salué leur châtelaine.
Pourquoi ce cri qui fend les airs?
Quelle tempête au cœur vous gronde?
Seule sur vos remparts déserts,
    Vous pleurez, dame Raymonde.

Point ne pleurez pour votre époux
Qui part en si bel équipage ;
Dame Raymonde, pleurez-vous
Pour Raoul, votre gentil page?
Oh! que l'oreiller du tombeau
Serait froid pour sa tête blonde!

Il est si jeune! il est si beau!
 Vous tremblez, dame Raymonde.

L'ennui vous suit dans votre tour,
Sur le préau, dans la chapelle.
Voici venir un troubadour,
Dont la douce voix vous appelle.
Quel rayon dans votre âme a lui?
Quelle espérance vagabonde?...
Ouvrez, ouvrez. Si c'était lui !
 Vous aimez, dame Raymonde.

C'est bien lui; son déguisement
N'a pas trouvé votre œil sévère.
Grâce aux ruses d'un cœur aimant,
Allons, chantez, joyeux trouvère.
Mais au rempart le son du cor
Soudain rassemble tout le monde,
Et pour vous seule il chante encor.
 Vous péchez, dame Raymonde.

Raoul vous contemple à genoux,
Oublieux, tant amour l'enflamme,
Que la paix ramène un époux.
Pourquoi pâlissez-vous, madame
Qu'avez-vous vu sur le rempart
C'est le comte qui fait sa ronde.
Las ! au retour comme au départ,
 Vous pleurez, dame Raymonde !

TOUT A L'AMOUR.

Air : *Fleur de l'âme.* (J. VIMEUX)

Devant l'immense deuil qui couvre la patrie,
Quand la liberté sainte au sépulcre descend,
Poète, n'est-il plus dans ton âme flétrie
Quelque cri d'anathème au prophétique accent?
— Mon âme n'entend plus l'ouragan populaire;
J'ai détourné les yeux des misères du jour.
Cherchez ailleurs des chants de haine et de colère :
J'aime, et n'ai plus au cœur que des hymnes d'amour.

— Quoi! rien n'enflammera ta froide intelligence ?
Muet sur tant d'affronts, de sang et de douleurs,
Tu n'entends pas vibrer un long cri de vengeance,
Lugubre voix des morts qui répond à nos pleurs?
— Paix éternelle aux morts! Pourquoi donc, ô mes frères!
Évoquer les martyrs couchés dans leurs tombeaux?
Éloignez-vous avec vos lampes funéraires :
J'aime, et mon cœur s'éclaire à de plus doux flambeaux.

— Dis-nous si ton silence est une apostasie,
Ou si tu n'oses plus devant l'iniquité
Faire gronder encor la mâle poésie :
Craindrais-tu les ennuis de la captivité?
— J'ai cessé d'être libre, et je porte sans peine
Un joug, de doux liens plus chers que ma raison.

Dans ses beaux bras un ange en souriant m'enchaîne :
J'aime, et, faible captif, je bénis ma prison.

— Adieu! tu ne sens pas ta noble destinée,
Fuis, athlète inhabile aux civiques travaux!
Adieu! livre à l'amour ton âme efféminée ;
D'autres sauront cueillir nos fraternels bravos,
— Adieu! vous demandez un chant qui vous courrouce :
Laissez cueillir la palme au fou qui veut l'oser.
Un chant plus doux me vaut une palme plus douce :
J'aime, et pour chaque vers je cueille un long baiser.

MARJOLAINE.

Musique de A. MARQUERIE.

Perle fine du hameau,
   Voyez Marjolaine,
Qui va danser sous l'ormeau,
   En jupe de laine.
Pas de fillette aux alentours
Qui soit plus simple en ses atours ;
   C'est un lis dans la plaine.
   Vers le bal courez tous ;
Beaux danseurs, qu'y cherchez-vous ?
   Du plaisir ? en voilà ;
   Marjolaine est là.

Aussi leste à ses travaux
  Qu'aux danses sur l'herbe,
Marjolaine est sans rivaux
  Pour faire une gerbe,
Quand le fermier dans l'embarras
Se dit : Nous manquerons de bras,
  Tant l'année est superbe!
  Ah! comment ferons-nous?
  Bon fermier, que cherchez-vous?
  Du courage? en voilà;
  Marjolaine est là.

Marjolaine est un trésor
  Que chacun envie;
Tête vive, mais cœur d'or :
  C'est toute sa vie.
Quand arrivent neige et glaçons,
Par ses jeux et par ses chansons
  La veillée est ravie,
  Soirs si courts, soirs si doux!
  Jeunes gens, qu'y cherchez-vous?
  Des amours? en voilà;
  Marjolaine est là.

Oui, mais allez doucement;
  Marjolaine est sage.
Jamais indiscret amant
  N'ouvrit son corsage,

Elle permet bien un baiser,
Mais gare à qui voudrait oser
  Le tendre apprentissage!
  Il lui faut un époux,
Beau Lucas, que cherchez-vous?
  Du bonheur? en voilà ;
  Marjolaine est là.

FLEURS DE PRINTEMPS.

Air : *Berthe a surpris mon premier cheveu blanc.* (A. MARQUERIE.)

Quand sur la branche aux larmes transparentes
Hier encor scintillait le verglas,
Pourquoi montrer vos robes odorantes,
  Beaux amandiers, éphémères lilas?
Ah! redoutez quelque souffle polaire!
L'hiver, jaloux de vos riants festons,
Peut vous garder un retour de colère :
Fleurs de printemps, n'ouvrez pas vos boutons.

Comme ces fleurs, votre suave image,
  Cœurs de quinze ans trop tôt épanouis,
Vous tressaillez dès qu'un premier hommage
Tombe en rayons sur vos yeux éblouis.
Au ciel d'amour, ciel d'ardentes chimères,
Ne suivez pas d'imprudents Phaétons;

Sous des baisers que condamnent vos mères,
Fleurs de printemps, n'ouvrez pas vos boutons.

Comme la lampe attire la phalène,
Front virginal attire un séducteur;
Il vous fascine, il suspend votre haleine
Au timbre d'or de son hymne flatteur.
Mais sa voix brûle et son âme est de glace,
Et, quand la ruse a joué tous les tons,
Dans ses replis le serpent vous enlace :
Fleurs de printemps, n'ouvrez pas vos boutons.

Splendeurs d'un jour, votre sort se ressemble,
Beaux amandiers, lilas, cœurs de quinze ans:
Demain sur vous émergeront ensemble
Soleil, amour, vos astres bienfaisants.
Alors demain, au rayon qui vous dore
Et fait germer vos frêles rejetons,
Comme à l'époux, vainqueur qui vous adore,
Fleurs de printemps, entr'ouvrez vos boutons.

LES PETITES CHAPELLES.

Air à faire.

Avec ta petite chapelle,
Laisse-moi la paix, morbleu!
Est-ce le diable qui se mêle
De quêter pour le bon Dieu;

A tout coin de rue,
C'est une cohue
Qui vous barre le chemin.
Gamins et gamines,
En faisant des mines,
Viennent vous tendre la main.
Cette novice bohême,
Qui vous harcèle en tout lieu,
Ferait damner Dieu lui-même
Le jour de la Fête-Dieu!
Avec, etc.

Le plaisant spectacle
Que ce tabernacle
Qui s'offre à notre œil charmé!
Quelque vilain plâtre,
Aussi noir que l'âtre,
Quelque vieux cadre enfumé,
Sur une tacle boiteuse,
Dont une nappe en talus
De sa blancheur fort douteuse
Couvre les ais vermoulus.
Avec, etc.

A cette parade,
Les saints de tout grade,
Sont ensemble confondus;
La mythologie

Et la liturgie
Mêlent leurs dieux éperdus.
J'ai vu la Vierge et Cythère,
Et, plus drôle que cela,
J'ai vu Jean-Jacque et Voltaire
A côté de Loyola.

Avec, etc.

Quoi! ces momeries
Sont des drôleries
Pour de stupides parents?
Loin de les proscrire,
Ils ne font qu'en rire
Ou n'y sont qu'indifférents.
Ah! cessez cette ironie,
Enfants; cherchez d'autres jeux.
Mendier! c'est l'agonie
D'un cœur noble et vertueux.

Avec ta petite chapelle,
Laisse-moi la paix, morbleu!
Est-ce le diable qui se mêle
De quêter pour le bon Dieu?

LA LOCOMOTIVE.

Musique par l'auteur des paroles.

O ma locomotive!
Quand ton âme captive
En vapeur fugitive
    Sort de tes flancs
    Brûlants,
Tu pars, belle d'audace,
Tu dévores l'espace,
Et ta colonne passe
    Comme l'éclair
    Dans l'air.

Nautonnier, chante la gondole
Qui te berce sur le flot bleu;
Moi, je chante aussi mon idole :
C'est ma gondole au cœur de feu.
J'aime à te voir, maîtresse bien-aimée,
Ardent courrier des grandes nations,
Coquettement dérouler ta fumée
    En molles ondulations,
      O ma locomotive! etc.

Le peuple, qui t'aime, ô ma reine!
T'accueille par de longs bravos;

Et, pour niveler ton arène,
Se voue à d'immenses travaux.
Une montagne orgueilleuse se lève :
Obstacle vain! si l'art ne l'aplanit,
Ouvre sa base et plonge comme un glaive
     Dans ses entrailles de granit.
       O ma locomotive! etc.

     Victoire! il n'est plus distances;
     Tu renverses sur ton chemin
     Les despotiques résistances
     Où se heurtait le genre humain.
L'homme a compris ta mission féconde;
A ses faux dieux il renonce, irrité.
Char du progrès, vole et porte au vieux monde
     La paix, l'amour, la liberté.

       O ma locomotive!
       Quand ton âme captive
       En vapeur fugitive
         Sort de tes flancs
           Brûlants,
       Tu pars, belle d'audace,
       Tu dévores l'espace,
       Et ta colonne passe
         Comme l'éclair
          Dans l'air.

RABELAIS.

Air : Amusez-vous, joyeux essaims. (Ch. GILLE.)

Trémoussez-vous, jeunes garçons
  Et fillettes
  Gentillettes ;
Trémoussez-vous, jeunes garçons ;
  Suivez mes douces leçons.

  Le front ceint de pâquerettes,
  Les fringantes bergerettes
  Couraient, blanches et proprettes,
  A la fête de Meudon.
  Rabelais, menant en croupe
  Un fin minois de la troupe,
  Descend près d'un joyeux groupe
  En chantant ce rigodon :
Trémoussez-vous, etc.

  Pâques-Dieu! dame morale,
  A la mine doctorale,
  Sur la fête pastorale
  N'étendra point ses pavots.
  Loin que ma voix contrarie
  Les ébats de la prairie,
  Moi, je veux que l'on marie
  Le plaisir et les travaux.
Trémoussez-vous, etc.

Dansez! j'ai fermé l'église;
Non que Dieu s'en formalise,
Mais la danse scandalise
Nos saints, qui sont un peu vieux.
Passez-leur cette faiblesse!
Ils n'ont plus votre souplesse.
Si votre bonheur les blesse,
C'est qu'ils en sont envieux.

Trémoussez-vous, etc.

Dieu pour une jambe agile
N'a point fait un pied d'argile;
Nulle part son Évangile
N'interdit un joyeux bond.
Ce n'est pas un jeu profane;
Jamais cœur pur ne s'y fane,
Jamais larme diaphane
N'y souille un œil pudibond.

Trémoussez-vous, etc.

Ailleurs la honteuse orgie,
Le front haut, se réfugie;
Sous l'éclat de la bougie
Le roi l'appelle au palais,
Mais ces impurs sybarites
Vendraient bien leurs favorites

Pour les fraîches marguerites
Des bergers de Rabelais.
Trémoussez-vous, etc.

Aimez-vous! Honte à qui blâme
Ces divins transports de l'âme!
Malheur à qui ne s'enflamme
Sous des baisers délirants!
L'amour, au temps des orages,
Seul peut doubler vos courages,
Seul vous venger des outrages
Dont vous abreuvent les grands.
Trémoussez-vous, etc.

Chantez, serfs, race honnie!
Allez, cruelle harmonie,
Troubler dans son agonie
Le plus dur des châtelains!
Et, quand la nuit éternelle
S'étendra sur sa prunelle,
Que son âme criminelle
Soit jalouse des vilains!
Trémoussez-vous, etc.

Martyrs des lois féodales,
Longtemps vos humbles sandales
S'useront contre les dalles
Du temple d'iniquité.

Mourez, mais pleins d'espérance :
A vos fils la délivrance!
De vingt siècles de souffrance
Sortira l'égalité.

Trémoussez-vous, jeunes garçons
Et fillettes
Gentillettes ;
Trémoussez-vous, jeunes garçons ;
Suivez mes douces leçons.

LA PRISON CELLULAIRE.
Air à faire.

Essayons, ont-ils dit en feignant la clémence :
La cellule en dix ans peut vaincre un criminel.
Moi, seul avec l'ennui, père de la démence,
Condamné, je subis ce supplice éternel.
Dix ans! Législateurs, les jours sont des semaines
Pour l'homme qu'abrutit la muette prison,
Et la raison ne vit qu'au son des voix humaines :
Épargnez ma raison.

Dans le cours de vos nuits si pleines d'insomnies,
Vous éprouvez parfois le doute, le remord,
Et, couvrant vos erreurs de maximes bénies,
Vous dites : Renonçons à la peine de mort.
Ce feu d'humanité dont votre cœur s'enflamme,
Ce zèle ardent chez vous n'est qu'une trahison :

Vous faites grâce au corps, mais c'est pour tuer l'âme!
       Épargnez ma raison.

Ah! plutôt cette mort qui ne fait peur qu'au lâche,
Ah! plutôt les horreurs de l'inquisition
Que cet isolement, torture sans relâche,
Creuset où se dissout l'imagination!
Suppôts d'une justice aveugle en ses vengeances,
Usez sur nous du feu, du fer ou du poison :
Vous n'avez pas de droits sur les intelligences!
       Épargnez ma raison.

En dressant devant moi l'image menaçante
D'un tombeau, croyez-vous que mon cœur soit dompté?
La passion survit, implacable, incessante :
Comment m'en défendrais-je en mon oisiveté?
J'appelle encor l'amour; vos cellules infâmes
Étouffent sans pitié ma brûlante oraison,
Et je souille mon corps au souvenir des femmes...
       Épargnez ma raison.

Mon courage est à bout; l'affreuse solitude
M'arrache en même temps l'esprit et la santé.
Contre l'ennui rongeur j'invoque en vain l'étude :
Un cauchemar flétrit mon front désenchanté.
Le jour, la nuit, je vois... des visions horribles!
Un suicidé pendant à ma sombre cloison!
Et ma tête se perd dans ses rêves terribles...
       Épargnez ma raison

LA NAVIGATION AÉRIENNE.

Musique de A. Marquerie.

Génie humain, monte au ciel qui t'inspire;
Porte ta flamme où s'allume l'éclair.
La mer d'azur t'offre un nouvel empire ;
    Règne dans l'air,

Fier conquérant, ni les eaux, ni les terres
    Ne t'ont livré tous leurs secrets;
L'aérostat, planant sur leurs mystères,
    T'appelle à d'immenses progrès,
    Dirige au-dessus des orages
    Ce navire aux flancs rebondis;
    Tu trôneras sur des parages
    Jusqu'alors à l'homme interdits,
Génie, etc.

L'aigle jamais n'a touché de son aile
    Les hauteurs où tu fends les cieux ;
Tu peux franchir cette glace éternelle
    De nos pôles silencieux.
    Devant toi tombe la barrière
    Désespoir du navigateur,
    Et, sans retourner en arrière,
    Tu retournes vers l'équateur,
Génie, etc.

Explore enfin de ton aire sphérique.
    Les savanes du mohican ;
Sonde le cœur de la cruelle Afrique,
    Au sol brûlé comme un volcan.
    Vole aussi jusqu'en Australie,
    Région sans fleuves, sans dieux ;
    Porte à toute race avilie
    Ta science au front radieux.

Génie, etc.

Il t'appartient de briser les entraves
    Dont le commerce est garrotté ;
Passe au-dessus du douanier que tu braves,
    Sème partout la liberté.
    Plus de combats, plus de frontières !
    Rassemble les peuples épars,
    Et montre à leurs cités altières
    L'impuissance de leurs remparts.

Génie, etc.

Règne dans l'air ! peuple sa vaste arène
    De ces navires sans rivaux ;
Fais-les si grands que ton globe les prenne
    Pour des satellites nouveaux.
    Astres de paix et d'espérance,
    Versez partout votre clarté

Sur cette fatale ignorance
Qui désole l'humanité.

Génie humain, monte au ciel qui t'inspire;
Porte ta flamme où s'allume l'éclair.
La mer d'azur t'offre un nouvel empire :
Règne dans l'air.

LA REINE DU LAVOIR.

Air de Charlotte la républicaine.

Partout on accourt pour la voir,
Madeleine la blanchisseuse :
Voilà, dit la foule joyeuse,
La reine du lavoir!

C'est elle qui vient là,
Vêtue en jupe blanche,
La main sur une hanche
Que l'amour modela.
Qu'elle est bien, les bras nus,
En camisole fine,
Dont chaque pli dessine
Des trésors inconnus!
Partout, etc.

Sous cet air virginal
Bouillonne le courage;

C'est un diable à l'ouvrage,
Une sylphide au bal.
Parlez-lui d'épargner :
Quand le plaisir l'ordonne,
Madeleine s'en donne;
Elle a su le gagner.

Partout, etc.

Sur ces dons précieux
Que sa grâce décèle
Si l'esprit étincelle,
Le cœur vaut encor mieux.
Jamais sur son chemin
Le pauvre sans ressource,
Tant qu'elle a dans sa bourse,
En vain ne tend la main

Partout, etc.

On ne sait si ce cœur
A l'amour est rebelle;
Mais jusqu'ici la belle
N'a pas eu de vainqueur.
Rien ne peut émouvoir
Cette reine farouche;
Malheur à qui la touche!
Son sceptre est un battoir.

Partout, etc.

Pour elle c'est le jour
D'une gloire suprême,
Lorsqu'à la Mi-Carême
Se rassemble sa cour.
Dans ce jour éclatant,
Au milieu des danseuses,
Reine des blanchisseuses,
Le triomphe t'attend.

Partout on accourt pour la voir,
Madeleine la blanchisseuse :
Voilà, dit la foule joyeuse,
La reine du lavoir!

LA SIRÈNE.

Musique par l'auteur des paroles.

Sur les flots verts de l'Atlantique
Il est un navire élégant,
Qui vole à la voix despotique
Du capitaine l'Ouragan.
Les flibustiers, race indomptable,
Qui ne connaissent que sa loi,
Tremblent sous ce chef redoutable :
Lui, tremble et pleure devant moi,

Voyez-vous *la Sirène*,
Ce beau brick qui dort là?
Tra la la la la la,
Il est là!
C'est qu'il attend sa reine,
La fière Otaïla;
Me voilà!
Tra la la la la la la la la la la la,
Me voilà.
Partons, mon capitaine,
Me voilà, me voilà, me voilà!

Le capitaine m'a surprise
Perdue au milieu des roseaux
Qui chantent sur la plage grise
Du Missouri, le roi des eaux.
Depuis ce jour je l'accompagne,
Et j'ai dompté mon fier vainqueur
Jamais brune fille d'Espagne
Ne me disputera son cœur.
Voyez-vous, etc.

Partons, mon brave capitaine;
Partons, mais aime-moi toujours,
Si quelque blanche Européenne
Te ravissait à mes amours,
Torche en main, j'irais dans la cale,
Instruite à ton rude métier;

Je ferais sauter ma rivale
Et l'infidèle flibustier.

Voyez-vous *la Sirène,*
Ce beau brick qui dort là ?
Tra la la la la la,
Il est là !
C'est qu'il attend sa reine,
La fière Otaïla ;
Me voilà !
Tra la la la la la la la la la la la,
Me voilà.
Partons, mon capitaine ;
Me voilà, me voilà, me voilà !

LA COQUETTERIE.

Musique de Mme Antonia Tissot.

Mon mari, malgré sa jeunesse,
Est bien la perle des jaloux ;
Il use avec moi de finesse,
Et moi je ris de son courroux.
Pour l'agacer, rieuse et folle,
J'attire les plus doux regards.
Sans m'adresser une parole,
Souvent il sort les yeux hagards.

Ah! ah! ah! ah! ah! ah! ah!
    Dieu! que j'ai ri!
J'ai fait damner mon mari.
Ah! ah! ah! ah! ah! ah! ah!
    Pauvre chéri!
Quand donc seras-tu guéri?

Céline donnait une fête;
Je voulais un bracelet d'or.
Il me dit : « Soyez moins coquette,
Et vous l'aurez... » J'attends encor.
Il est vrai, je fus si volage
Qu'un essaim d'amis m'assiégea;
Lui, vers le jeu tourna sa rage,
Et la fortune me vengea.
    Ah! ah! etc.

Cet hiver, ah! quelle risée!
Élise, avec son air malin,
A mon bal parut déguisée
Sous les habits de son cousin.
Au boudoir, par espièglerie,
Elle jouait les soupirants;
Mon jaloux arrive et s'écrie :
« Ah! madame, je vous y prends! »
    Ah! ah! etc.

Confus, honteux, il se maîtrise;

4

Je le vois longtemps hésiter :
De sa singulière méprise
Doit-il rire ou bien s'irriter ?
Enfin le bon penchant domine;
Il éclate, il tombe à genoux :
« Embrasse-moi, chère Corinne;
Je ne veux plus être jaloux. »

Ah! ah! ah! ah! ah! ah! ah!
Dieu! que j'ai ri!
J'ai fait damner mon mari,
Ah! ah! ah! ah! ah! ah! ah!
Pauvre chéri!
Enfin te voilà guéri!

L'A GUERRE DES FEMMES.

Air : *Partons, voyage, ô mon âme, voyage!* (J. DE COURCY.)

Justice enfin des fictions légales;
Femmes, debout! guerre à nos oppresseurs!
Il faut que l'homme accepte pour égales
Et son épouse, et sa mère, et ses sœurs.

Oui, levons-nous! c'est une guerre sainte
Qu'aux préjugés ici nous déclarons.
Fuyons leurs flots plus amers que l'absinthe!
Brisons le joug qu'on impose à nos fronts!

Ne craignons pas que le sang et les larmes
A notre cause aliénent quelques cœurs;
Nous userons de pacifiques armes,
Et les vaincus béniront les vainqueurs.
Justice, etc.

Vous prétendez que notre intelligence
A vos genoux se prosterne humblement;
Mais n'est-ce pas à votre indifférence
Que nous devons un tel abaissement?
L'instruction, chez vous favorisée,
A peine encore a rayonné sur nous ;
Laissez notre âme aspirer sa rosée,
Et nous verrons qui doit être à genoux.
Justice, etc.

Sortons, mes sœurs, du fatal ilotisme
Créé pour nous par leurs esprits obtus;
Aimons sans fard, sachons sans pédantisme :
La grâce sied à toutes les vertus.
N'affichons pas de sotte pruderie;
Mais, près du fat au mielleux caquet,
Fermons l'oreille à la galanterie :
C'est le serpent caché dans un bouquet.
Justice, etc.

Quoi! votre audace en deux partis nous range,
Et vous lancez au nôtre vos brocards!

Maîtres gonflés de cet orgueil étrange,
Modérez-en les risibles écarts.
L'homme isolé n'est plus qu'un maigre athlète,
Mort aux plaisirs, faible contre les maux;
Il ne peut rien : la femme le complète.
Sans le feuillage, à quoi bon les rameaux?
Justice, etc.

Mais ce grand siècle où nous venons de naître
Ouvre pour nous des horizons nouveaux.
Bientôt, messieurs, vous saurez reconnaître
Que nous pouvons aborder vos travaux.
Déjà nos luths, notre philosophie
N'excitent plus un sourire moqueur :
Aux noms pompeux que l'homme glorifie
Nous opposons George Sand et Mercœur.

Justice enfin des fictions légales;
Femmes, debout! guerre à nos oppresseurs!
Il faut que l'homme accepte pour égales
Et son épouse, et sa mère, et ses sœurs.

LA FILLE DU TRANSPORTÉ.

Musique de Mme Antonia Tissor.

Ce grand vaisseau qui fuit sur l'Atlantique,
Et vers le sud trace de blancs sillons,
Ce beau vapeur, au nom si poétique,
Qui livre aux vents d'onduleux tourbillons,
C'est *l'Ulloa :* dans sa noire carène
La politique a jeté des captifs.
Mon père est là! le navire l'entraîne,
Malgré mes pleurs, malgré mes cris plaintifs.

On frappe jusqu'à l'innocence,
Et mon seul appui m'est ôté.
Ayez pitié, Dieu de clémence,
De la fille du transporté!

Depuis longtemps le Ciel a pris ma mère;
Je n'ai que lui maintenant pour soutien.
Qui puis-je aimer comme j'aime mon père ?
Quel cœur pour moi vaudra jamais le sien?
Mon front pâli redemande sans cesse
Les doux baisers que m'apportait le soir.
Rendez-le-moi! Je manque à sa tendresse :
Il en mourra, s'il ne doit plus me voir.

On frappe, etc.

4.

La jeune enfant sur la falaise aride
Errait plaintive et perdait la raison,
Les yeux fixés vers le désert humide,
Quand un vaisseau paraît à l'horizon.
C'est *l'Ulloa*, que la vague balance.
Aux cris du cœur les cieux sont-ils ingrats ?
Non : c'est son père; il la voit, il s'élance...
Elle s'écrie en lui tendant les bras :

> On a reconnu l'innocence;
> Mon père est mis en liberté.
> Merci, merci, Dieu de clémence,
> Pour la fille du transporté!

LE CHANT DE L'ARABE.

Musique de A. MARQUERIE.

Allah! Allah! Allah! maître des mondes,
Protége le fils du désert!
Allah! Allah! Allah! toi qui fécondes
L'oasis, bosquet toujours vert,
Asile parfumé du croyant qui te sert,
Vengeance! vengeance!
L'infidèle s'avance
Et me suit jusque là.
Allah! Allah! Allah! Allah!
Vengeance! vengeance!

Vieux débris de la guerre sainte
Où la voix de l'émir m'appela des premiers,
J'ai fui vers cette fraîche enceinte
Qui m'offrait un abri sous l'ombre des palmiers.
Vain espoir! ma retraite
Déjà n'est plus secrète,
Et l'ennemi s'apprête
A déchirer mes flancs.
Allah! soutiens ma haine,
Et contre lui déchaîne
Le simoun et la trombe aux tourbillons brûlants!
Allah! Allah! etc.

Moi tombé, pour lui quelle fête!
Mais il ne me tiendra ni mourant ni captif,
Fuyons, fuyons! Par le Prophète!
Le coursier qui m'attend n'est pas encore rétif.
De mon sort solidaire,
Viens, mon blanc dromadaire;
Au sol ton pied n'adhère
Que pour prendre l'essor.
Viens, ô léger navire
Du désert où j'aspire!
Toi seul tu sais dompter cette mer aux flots d'or,
Allah! Allah! etc.

Que nous veut cette avide race
Que l'Europe vomit sur nos bords désolés?

Bientôt le cercle qu'elle embrasse
Va toucher aux climats par le soleil brûlés,
N'entre pas davantage :
C'est là mon héritage;
J'y règne sans partage,
Et pour toi c'est l'enfer.
Dans l'océan de sable
Je suis insaisissable
Comme un vautour qui fuit dans l'océan de l'air.
Allah! Allah! etc.

Porte à d'autres ton industrie;
Moi, je maudis tes lois, ta sagesse et tes mœurs.
Va! les brises de ta patrie
Apportent jusqu'ici d'effrayantes clameurs.
Va! spectre à face humaine,
Que la faim nous amène,
En taillant ton domaine
Tu tailles ton linceul.
Esclave volontaire,
Accapare la terre :
A moi l'indépendance, et la terre à Dieu seul!

Allah! Allah! Allah! maître des mondes,
Protége le fils du désert!
Allah! Allah! Allah! toi qui fécondes
L'oasis, bosquet toujours vert,
Asile parfumé du croyant qui te sert,

Vengeance! vengeance!
L'infidèle s'avance
Et me suit jusque là.
Allah! Allah! Allah! Allah!
Vengeance! vengeance!

LE DERNIER VIN VIEUX.

Musique de A. MArqUErIE.

Porte ton deuil, vieille cohorte
Aux nez bulbeux et cramoisis!
Nos pauvres pampres sont moisis;
La vigne meurt... la vigne est morte!
Noyés sous un ciel pluvieux,
Bientôt nous finirons comme elle;
Mais, avant que l'eau ne s'y mêle,
Finissons le dernier vin vieux.

Que ferions-nous sur cette boule
Où ne croît plus que le cresson?
Adieu vendange, adieu chanson,
Fille du petit vin qui soûle!
Buveurs d'eau, blêmes envieux,
Les grenouilles sont vos trouvères;
L'harmonie est au fond des verres:
Finissons le dernier vin vieux.

Sages, chantez votre homélie
A la gloire de la raison ;
Rien n'est moins gai que ma maison,
Si je n'ai mon grain de folie.
Tout m'y choque et m'est ennuyeux ;
Il faut me taire et me soumettre.
Quand j'ai bu, je m'y crois le maître :
Finissons le dernier vin vieux.

Le bonheur est une utopie
Que réalise un vin clairet.
Qui boit vit et meurt sans regret,
Sans rien craindre que la pépie.
Les temps sont durs et soucieux,
Murmure plus d'une voix sombre ;
Avant que la barque ne sombre,
Finissons le dernier vin vieux.

Jamais triomphe de l'épée
Ne fut pour nous un Waterloo.
Quoi ! faudrait-il boire de l'eau
Pour une espérance trompée ?
Non : Bacchus nous inspire mieux ;
Il promet le chant qui console.
Un dieu doit tenir sa parole.
Finissons le dernier vin vieux.

Mais, pour un buveur de ma trempe,
Je sens déjà faiblir mon cœur ;

Viens, Rose, sois mon remorqueur :
Ma main tremble et je perds la rampe.
Viens, et dans tes bras gracieux
Emporte-moi, douce maîtresse;
Que j'y meure en changeant d'ivresse :
J'ai fini mon dernier vin vieux,

LE QUARTIER DES LORETTES.

Air du Sentier des noisettes.

Papillon devenu chenille,
Je rampe où jadis je volai;
Dans Bréda raclant du balai,
Je traîne aujourd'hui ma guenille.
Là l'ouvrage naît sous mes pas,
Comme autrefois les amourettes :
Les ordures ne manquent pas
    Au quartier des lorettes.

J'ai su, par ma jeunesse avide
De briller dans pareil séjour,
Ce qu'on gagne au luxe d'un jour :
Bourse pleine fait le cœur vide.
Adieu les baisers ingénus!
Malgré les alcôves discrètes,

Les vrais amours sont inconnus
    Au quartier des lorettes.

A l'appel du métal sonore
Naît une éphémère splendeur,
Qui fait oublier sans pudeur
La famille qu'on déshonore.
Le remords, sanglant étrier,
Darde en vain ses pointes secrètes :
On rougit d'un frère ouvrier
    Au quartier des lorettes.

Quand viennent ces jours de colère
Qui troublent le vice insolent,
On lance là, bas et tremblant,
Le blasphème au flot populaire.
C'est que l'amant déconcerté
Entretient moins de collerettes.
On n'aime pas la liberté
    Au quartier des lorettes.

Nous faisons plus pitié qu'envie,
En méconnaissant le devoir.
Hélas! que n'ai-je le pouvoir
De rentrer au seuil de la vie!
Esquivant le fatal collier
Que jette un conteur de fleurettes,
Je préférerais l'atelier
    Au quartier des lorettes.

L'OUBLI.

Musique de A. Marquerie.

Trompé cent fois par d'ingrates maîtresses,
Cent fois déçu de mes rêves chéris,
Regretterais-je encore leurs caresses ?
De mes châteaux saurais-je enfin le prix ?
Vains souvenirs dont mon passé se drape,
Vous torturez mon cœur et ma raison.
Puisons l'oubli dans les flots de la grappe :
C'est là qu'on trouve un bienfaisant poison.

A boire! à boire!
Oublions les jeux du destin.
Mémoire! mémoire!
Coule à fond ton butin.
Tin tin, tin tin, versez du chambertin!
C'est ma prière du matin,
Tin tin, tin tin, versez du chambertin!
Dans l'oubli seul le bonheur est certain.

L'oubli, si cher à la sagesse antique,
C'était un fleuve où, pour se rajeunir,
L'âme aspirait un sommeil magnétique
Dont le réveil était sans souvenir.
Pauvre Léthé! trop fade était ton onde,
Et mon gosier t'aurait bu de travers :

J'aime bien mieux qu'à son aise il s'inonde
De ce Léthé qui sort des pampres verts.
    A boire! etc.

Puisque la foi trouble nos consciences,
Noyons les dieux dont le culte abêtit;
Puisque l'abîme est au bout des sciences,
Laissons l'étude : on s'y voit trop petit.
Fi des savants! nargue du Décalogue!
A qui vacille il faut d'autres appuis.
Quand j'ai du vin, clairvoyant astrologue,
Je lis au ciel sans tomber dans un puits.
    A boire! etc.

Oui, sans l'oubli la vie est impossible;
Comme la ronce, agrafe du chemin,
Traîtreusement la mémoire inflexible
Jusqu'à la mort lacère un cœur humain.
Un vieux péché rappelle un ver qui ronge,
Et les bienfaits rappellent les ingrats.
Je ne vois plus le passé, même en songe,
Quand je suis rond à rouler dans mes draps.

    A boire! à boire!
   Oublions les jeux du destin.
    Mémoire! mémoire!
   Coule à fond ton butin.
Tin tin, tin tin, versez du chambertin!

C'est ma prière du matin.
Tin tin, tin tin, versez du chambertin!
Dans l'oubli seul le bonheur est certain,

LA SECONDE NAISSANCE.

Musique de A. VAUDAY.

Sans contester des droits d'auteur
Au Dieu qui créa la blonde Ève,
L'homme est son collaborateur
Dans cette œuvre, dont il endève.
C'est la fille que Dieu forma;
L'homme en femme la transforma :
Pour cette idole qu'il encense,
C'est une seconde naissance,

Fillette à qui j'entends jaser :
C'est étrange!
Allons, faites-vous épouser;
La vierge en meurt, mais ce cher ange
Renaît femme sous un baiser.

On admire un front virginal
Où se lit la candeur de l'âme,
Et cet œil, timide fanal,
Dont les cils éteignent la flamme.
Qu'un Prométhée audacieux

Lui lance au cœur le feu des cieux,
Soudain la colombe craintive
Vole au rayon qui la captive.
Fillette, etc.

Mais voici le jour de l'hymen :
Désirs et pudiques alarmes
Aux traits doublent un frais carmin,
Où perlent de furtives larmes.
Vous qui soupçonnez des ennuis,
Attendez l'ouvrage des nuits :
Ces pleurs de la nouvelle esclave
Deviendront des torrents de lave.
Fillette, etc.

Le lendemain, sur son beau front
L'amour, laissant sa douce empreinte,
A fait un changement bien prompt;
Il a chassé toute contrainte.
L'œil a pris un air batailleur;
Sur les lèvres un pli railleur
Dans un fin sourire s'agence :
Ève a conquis l'intelligence.
Fillette, etc.

Laissez passer quelques beaux jours;
L'homme, que le pouvoir altère,

Sous la grâce tombe toujours
En servitude volontaire.
Avant que la lune de miel
Ne s'éclipse de son doux ciel,
L'esclave impossible à soumettre
Par le nez mènera son maître.

Fillette à qui j'entends jaser :
      C'est étrange!
Allons, faites-vous épouser;
La vierge en meurt, mais ce cher ange
Renaît femme sous un baiser.

LES AMOURS INCONNUS.

Musique de A. MARQUERIE.

Amis, c'est au dessert que se dévoile l'âme :
Exhumons nos amours morts sans confession.
Qui de nous n'a brûlé d'une secrète flamme,
Inconnue à l'objet de notre passion?
La femme est comme nous : une peut-être m'aime,
    Qui, victime elle-même
    De ces amours railleurs,
    Sans être mon complice,
    Partage mon supplice,
    Et boit à ce calice
    Dont on m'abreuve ailleurs.

CHŒUR.

Nous avons gravi ce calvaire
Des martyrs ingénus,
Et nous pouvons vider un verre
Aux amours inconnus.

Jenny, que la vertu couvre de son égide,
Éloigne tout amant de son sein rebondi.
J'ai surpris son secret ; cette vertu rigide
Céderait sans combat aux charmes d'un dandy.
Il a tout cet amour qu'on refuse au vulgaire,
        Et ne s'en doute guère.
        D'où lui vient-il ? Hélas !
        Jenny s'est allumée
        D'une caresse humée
        A travers la fumée
        De son panatellas !

        Nous avons, etc.

Maxime use sa vue aux éclairs de la rampe ;
Dans son ciel gros d'orage une lumière a lui :
Il caresse un amour où le cœur se détrempe,
Et l'astre qui l'aveugle est indigne de lui.
Cours après, insensé ! Pour toi la belle actrice
        N'aura pas un caprice,
        Un sourire, un coup d'œil,
        Quand elle te torture,

Un amant d'aventure
L'attend dans sa voiture,
Et ricane à ton deuil.
Nous avons, etc.

C'est tout bas que l'artiste adore une comtesse,
Et la comtesse a peur d'aimer l'enfant des arts.
L'amour, qui n'entend rien à leur délicatesse,
De la naissance entre eux nivèle les hasards.
Amis, souvenons-nous d'un refrain populaire :
Quand l'amour nous éclaire,
Pourquoi troubler nos jours ?
Pourquoi souffrir disette
De comtesse ou grisette ?
Batelier, dit Lisette,
Osez, osez toujours.

LE CHŒUR.

Nous avons gravi ce calvaire
Des martyrs ingénus,
Et nous pouvons vider un verre
Aux amours inconnus.

VENDANGES.

Air : La guerre ! la guerre !

A boire ! à boire !
Il renaît, le jus souverain ;
La vigne a reconquis sa gloire,
Et la gaîté son vieux refrain :
A boire !

Au ciel d'azur étalant ses splendeurs,
Si le soleil embrase nos poitrines,
Il glisse aussi ses fécondes ardeurs
Au cœur joyeux des grappes purpurines.
Éclairez-vous, cryptes aux sombres murs,
Dont la clef d'or n'ébranlait plus la porte ;
Ouvrez au dieu que la vendange apporte,
Ouvrez la cuve au flot des raisins mûrs.
A boire ! etc.

L'eau la plus pure énerve un travailleur,
Et la boisson n'est qu'une eau déguisée ;
Le pampre seul distille un suc meilleur
Pour rendre au corps sa vigueur épuisée.
Pomme et genièvre ont souillé trop longtemps
Les flancs tartreux de la tonne moisie :
Jetons aux vers son impure ambroisie ;
Le vin nouveau chasse les charlatans.
A boire ! etc.

Il était temps que la dive liqueur
Vint refréner la fière brasserie;
Un peu plus tard, et le houblon vainqueur
D'un fleuve jaune inondait la patrie.
Dans les cruchons chargés d'un lourd sommei
L'idée éteinte avec le front chancelle :
Vive l'ivresse où l'esprit étincelle!
Vive le verre où chante un grain vermeil!
   A boire! etc.

Le gai flacon, muse de nos repas,
Comme le cœur nous enivre l'oreille :
Qu'il chante donc; nous ne connaissons pas
Tous les trésors dont nous comble la treille.
Quand le vin sort de son écrin joyeux,
La perle monte au bord des coupes pleines
Le rubis grappe au nez des vieux Silènes,
Les diamants scintillent dans leurs yeux.
   A boire! etc.

O bois chéri que des cieux plus cléments
Ont délivré des larves parasites;
Puisse le fruit de tes frêles sarments
Ne plus subir leurs mortelles visites!
Nos cœurs transis ont noyé leur fierté
Dans le bain froid de vingt saisons pleureuses;
Pleure pour nous tes larmes généreuses :
C'est le bain chaud où rit la liberté!

A boire! à boire!
Il renaît, le jus souverain ;
La vigne a reconquis sa gloire,
Et la gaîté son vieux refrain :
A boire!

L'HONNEUR ET L'ARGENT.

Air : *Allez cueillir des bluets dans les blés.*

Lorsque ce cri sort de tant de poitrines :
« L'argent est tout! de l'argent à tout prix! »
L'honneur, blessé par de telles doctrines,
Pauvre, doit-il tomber sous le mépris?
Non; la fortune où la honte s'attache
S'affiche mieux par un luxe outrageant,
L'argent ne peut effacer une tache :
Gardons l'honneur, que ne rend pas l'argent.

Le parvenu par une source immonde,
Qui doit son faste à quelque heureux larcin,
Fût-il quand même absous par tout le monde,
Nourrit un ver qui lui ronge le sein.
Plus de repos! sa tremblante paupière
Appelle en vain un sommeil indulgent :
Bien mal acquis est un chevet de pierre,
Gardons l'honneur, que ne rend pas l'argent.

Sans excuser sa faiblesse fatale,
Plaignons celui qui faillit au devoir
Quand la faim parle et que l'or fauve étale
Devant ses yeux son magique pouvoir.
Esprit étroit, le tentateur le gagne ;
Mais l'or qui tache un front intelligent
Dégrade autant que le fer chaud du bagne :
Gardons l'honneur, que ne rend pas l'argent.

De sa beauté criminelle victime,
L'ange déchu, dès son premier faux pas,
Avec l'honneur laisse sa propre estime,
Que tout son sang ne rachèterait pas.
D'un faux éclat quand le vice se farde,
Heureux et fier d'un travail indigent,
L'ange au cœur pur chante dans sa mansarde :
«Gardons l'honneur, que ne rend pas l'argent.»

AU FOND DU VERRE.

Air : Vents fatigués de souffler les tempêtes.

Quoi! seul à table et vous cherchez l'ivresse?
N'avez-vous plus un sentiment humain?
Souffrirez-vous qu'un vieillard vous adresse
Un tel reproche en vous tendant la main?
Oui, j'ai conquis le droit d'être sévère,
Car, au grand âge où je suis parvenu,
J'ai vu sombrer bien des cœurs dans un verre :
Au fond du verre est le gouffre inconnu.

Celui qui boit souffre autant que Tantale,
Dès qu'un seul jour le vin lui fait défaut;
Pour assouvir sa passion fatale
Il faut de l'or, à tout prix il en faut!
La conscience est bientôt endormie;
L'instinct brutal lui parle en suborneur.
Vous descendez l'échelle d'infamie :
Au fond du verre est l'oubli de l'honneur.

Un flot de vin, loin d'être un flot qui lave,
Vous roule immonde au milieu de l'égout.
Vos appétits vous ont fait leur esclave,
Et tout esclave inspire le dégoût,
A votre aspect l'amour même frissonne.
Fou qu'abrutit la perfide liqueur,

On vous déteste et vous n'aimez personne :
Au fond du verre est le vide du cœur.

Il faut rentrer; c'est en vous qu'on espère,
Et sous le vin vos jambes vont ployer.
Le fils ingrat, devenu mauvais père,
Reste insensible aux besoins du foyer.
Quand vous attend la famille en détresse.
Le cœur noyé dans les pleurs étouffants,
Vous n'apportez qu'une coupable ivresse :
Au fond du verre est le pain des enfants.

Un vieux buveur, comme un buveur novice,
N'atteint jamais que l'oubli d'un moment.
N'espérez pas la paix avec le vice,
Qui porte en lui son propre châtiment.
Dans le liquide où la raison se plonge
Vous absorbez le serpent des cœurs morts;
Il se ravive au poison qui les ronge :
Au fond du verre est l'éternel remords.

LE CARILLONNEUR.

Air du Violoneux.

Le clocher de mon village
Porte dans ses flancs à jour
Trois cloches qui font tapage
Quand je me trémousse autour.
La foule en bas tourbillonne
Et chante avec le bourdon,
Din don, din don,
Et chante avec le bourdou.
Et dig din don,
C'est moi qui carillonne;
Et dig din don,
Dans l'église entrez donc!
Et dig din don,
Dans l'église entrez donc!
Et digue, digue, digue, digue, dig, din don.

Mes trois battants font merveille;
Ils valent leur pesant d'or
Pour l'église, qui nous veille
De la naissance à la mort.
Aujourd'hui l'aubaine est bonne;
Nous baptisons un poupon,
Din don, din don,
Nous baptisons un poupon.
Et dig din don, etc.

Voici la noce à Jeannette !
Est-il heureux, son Germain,
D'obtenir de la brunette
Gros sac et gentille main!
Pour nous cette main mignonne
En dénoûra le cordon,
  Din don, din don,
En dénoûra le cordon.
   Et dig din don, etc.

La journée est bien suivie :
Je vois arriver un mort;
C'est un richard dont la vie
N'a pas fini sans remord.
Il nous lègue une ample aumône
Pour obtenir son pardon,
  Din don, din don,
Pour obtenir son pardon.
   Et dig din don, etc.

J'ai bien chaud, et je réclame
Le profit avec l'honneur :
Avec ça, malgré ma femme,
Je boirai comme un sonneur.
Quand sa bile m'aiguillonne,
Son dos me sert de bourdon,
  Din don, din don,
Son dos me sert de bourdon.

Et dig din don,
C'est moi qui carillonne;
Et dig din don,
Au logis rentrez donc!
Et dig din don,
Au logis rentrez donc!
Et digue, digue, digue, digue, dig, din don.

LA GRAINE DE LIN.

Musique de A. MARQUERIE.

Si tu perds de ton prestige
Quand ta fleur est au déclin,
Sois fière encor sur ta tige,
Petite graine de lin.

Es-tu la blonde fiancée
Qu'adore le tiède zéphir,
Toi qui nais mollement bercée
Dans une couche de saphir?
Quand la brise, embaumant l'espace,
Courbe tes souples filaments,
Sur ton azur l'oiseau qui passe
Se croit entre deux firmaments.

Si tu perds, etc.

De la précieuse semence
Dès que tarit le suc vital,
Tu meurs; mais ta gloire commence
Quand tu quittes le champ natal.
Devant toi la beauté s'incline
Et doit souvent de doux aveux
A l'onctueuse bandoline
Que tu verses sur ses cheveux.

    Si tu perds, etc.

Tu n'es pas graine nourricière,
Mais que d'autres biens tu nous fais!
Jusque dans ton humble poussière
Tu caches d'immenses bienfaits.
Doux baume, c'est toi qui rassures
Les pauvres familles en pleurs;
C'est toi qui fermes les blessures,
C'est toi qui guéris les douleurs.

    Si tu perds, etc.

Quel avenir plein de mystère
Le tisseur habile promet
A cette tige salutaire
Qui te balance à son sommet!
Elle ira, blanche et parfumée,
Cacher sous un voile jaloux
Les trésors que la bien-aimée

Ne découvre qu'à son époux,
  Si tu perds, etc.

Quand le temps à la faux agile
Détruira la trame du lin,
Devenu tissu plus fragile,
Il s'appellera le vélin.
Plus vaste sera son domaine :
Le lin, par la presse exalté,
Portera la pensée humaine
Au ciel de l'immortalité.

Si tu perds de ton prestige
Quand ta fleur est au déclin,
Sois fière encor sur ta tige,
Petite graine de lin.

LE DERNIER DES BOULETS.

Air : *Vents fatigués de souffler les tempêtes.*

La guerre est morte au fond des consciences,
Et ne peut plus rendre un peuple puissant.
Le Russe seul, inhabile aux sciences,
Veut conquérir par la flamme et le sang.
Ne souffrons plus que sa main criminelle
Tienne sur nous le fer de Damoclès.
Le monde aspire à la paix éternelle;
Lançons au Nord le dernier des boulets.

Assez longtemps un prince sans entrailles
Nous prodigua ses baisers de Judas :
L'heure a sonné des grandes funérailles;
L'Occident arme un million de soldats.
Du droit commun puissante sentinelle,
Venge le faible outragé de soufflets.
Le monde aspire à la paix éternelle;
Lançons au Nord le dernier des boulets.

La lutte s'ouvre entre la barbarie
Et le progrès, épouvantail des czars ;
Entre le serf qui rampe en Sibérie
Et l'homme libre, enfant chéri des arts.
A qui la palme, et qui doit croire en elle?
Nous, les élus, ou d'ignobles valets?
Le monde aspire à la paix éternelle;
Lançons au Nord le dernier des boulets.

Quel avenir dans ce duel immense !
Tous, pleins d'espoir, les peuples sont debout.
C'est le déclin pour le Russe en démence;
Son aigle fuit, son aigle est un hibou.
Le moindre éclat offense sa prunelle;
Il veut la nuit jusque dans son palais.
Le monde aspire à la paix éternelle;
Lançons au Nord le dernier des boulets.

Salut, Boulogne ! une autre Grande Armée
Près de tes murs grossit comme un torrent ;
Mais, cette fois, loin d'en être alarmée,
Au camp français l'Angleterre se rend.
Voyez, déjà sa flotte fraternelle
Vient embarquer l'avant-garde à Calais.
Le monde aspire à la paix éternelle ;
Lançons au Nord le dernier des boulets.

L'ORIENTALE.

Air : *Comme au temps des trouvères.*

Honte à l'âme vulgaire
Qui ne voit dans la guerre
Que du sang répandu, que des mères en pleurs !
La guerre ouvre une ère nouvelle,
Et les splendeurs qu'elle révèle
Nous consolent de ses douleurs.

Armé de son tonnerre,
L'esprit qui régénère
Souffle vers le soleil levant.
Marchons ! marchons ! c'est le bon vent.
Vieux berceau de tant de merveilles,
Orient, enfin tu t'éveilles :
Avec nous marche au Dieu vivant ;
En avant !

Déchire ton suaire
Et sors de l'ossuaire,
Cadavre enseveli les membres palpitants!
L'Europe à ses arts te convie,
Et rend une féconde vie
Au vaste empire des sultans.
Armé, etc.

Du Bosphore à l'Euphrate,
Sous une cendre ingrate
Que de murs enfouis, de palais dévastés!
Palais, renaissez de vos laves!
Dans vos jardins semés d'esclaves
Nous sèmerons nos libertés.
Armé, etc.

Dans leurs riantes plaines
Que les braves Hellènes
Tendent une main libre aux nouveaux effendis.
Pour qu'à tous la place soit faite,
Secouons les fils du prophète,
Dans le fatalisme engourdis.
Armé, etc.

Au pied des Dardanelles,
Aveugles sentinelles,
L'élan de la vapeur trop longtemps s'arrêta

La grondeuse locomotive
Prolongera sa course active
Jusqu'aux grèves de Calcutta.
     Armé, etc.

Que tes vaillantes races,
    S'élançant sur nos traces,
Au feu de la science allument leurs flambeaux.
     Où sont-ils, tes vieux fanatiques?
     Tombés dans leurs fureurs mystiques,
    Scutari garde leurs tombeaux.
      Armé, etc.

Sur notre triple glaive
    Le bon droit se relève :
Aux champs d'Indépendance ensemble moissonnons!
     Voyez, déjà, lorsqu'un ukase
     Parvient jusqu'aux flancs du Caucase,
    Schamyl en bourre ses canons.
      Armé, etc.

Chassons l'intolérance,
    Fille de l'ignorance :
Le Dieu de l'un pour l'autre est-il donc un tyran?
     Dans sa foi que chacun espère;
     Nous honorons le même père,
    Sous l'Évangile et le Coran.

Armé de son tonnerre,
L'esprit qui régénère
Souffle vers le soleil levant,
Marchons! marchons! c'est le bon vent.
Vieux berceau de tant de merveilles,
Orient, enfin tu t'éveilles :
Avec nous marche au Dieu vivant;
En avant!

MON NEZ.

Air de la Fée aux aiguilles.

Quand la neige en froide avalanche
Sur Paris étend son rideau,
Quand une longue barbe blanche
Pousse aux lions du Château-d'Eau,
Quand le givre sculpte au vitrage
Ses arabesques de cristal,
Quand l'aquilon souffle avec rage,
O mon nez, que tu m'es fatal!

Je veux bien qu'alors on admire
Mon trop imprudent soupirail,
Émergeant de son cachemire
Comme une pointe de corail!

Mais, pendant qu'il flaire l'espace,
Dans le rayon d'air qu'il parcourt
Une boule de neige passe :
O mon nez, que n'es-tu plus court !

On peut rêver un héritage
Sans que le cœur ait un remord,
Mon nez, tu pressens un partage;
Mon oncle le chanoine est mort.
Allongeant ta mine hypocrite,
Comme tu mens avec aplomb!
Mais mon oncle me déshérite :
O mon nez, que n'es-tu plus long!

IL FAUT DU SANG.

Air des Trois couleurs.

C'est la Noël. Un froid aigu redouble
Les longs tourments d'un peuple d'affamés.
On nous attend : hâtons-nous, mais sans trouble;
Que de couteaux tous les bras soient armés.
Serions-nous sourds aux plaintes légitimes?
Non; la faim parle : obéissons soudain.
Fêtons Noël en frappant des victimes :
Il faut du sang... pour faire du boudin !

MALHEUR D'AIMER.

Par de faux accords profanant ta lyre,
Tu chantes l'amour, poëte menteur.
Tu n'as pas senti son fatal délire,
Si tu le dépeins comme un séducteur.
Ne nous vante plus cette joie intime
Dont il fait jouir un cœur enflammé :
Tout cœur qui se donne est une victime.
Heureux, heureux celui qui n'a jamais aimé!

C'est un ciel d'azur que l'indifférence.
La passion naît : l'orage est dans l'air.
De le conjurer vaine est l'espérance :
L'œil de la beauté recèle l'éclair.
La foudre avec lui bientôt va descendre.
Au premier serment le cœur allumé
Au dernier baiser n'est plus qu'une cendre.
Heureux, heureux celui qui n'a jamais aimé!

Dans un fol amour une âme endormie
Souffre un mal étrange et qui nous confond,
Et l'homme, amoureux jusqu'à l'infamie,
Mesure l'abîme et se jette au fond.
Quand une Laïs d'un regard le grise,
Il tombe, éperdu, de honte affamé,

Sur un cœur de roche, où l'honneur se brise.
Heureux, heureux celui qui n'a jamais aimé!

Hélas! plus on aime et plus le martyre
Est prompt et cruel! Comptez les tourments
Que le désespoir en tous lieux attire
Sur le front flétri des pauvres amants.
L'amour, éteignant la raison lucide,
S'en va, du poison ou du glaive armé,
Par le monde entier semer le suicide.
Heureux, heureux celui qui n'a jamais aimé!

LA CHANSON DU TONNELIER.

Musique de A. MARQUERIE.

Apprêtons la tonne
Au fond du caveau:
La vigne nous donne
Un enfant nouveau.
Pan! pan! pan! pan! la douve et le cerceau
Pan! pan! pan! pan! vont lui faire un berceau.
Il faut un nid au jeune vin,
Un berceau pour l'enfant divin.
Frappons! qu'il entre avec effort;
Pan! pan! pan! pan! tonneliers, frappons fort.
Pan! pan! pan! pan! pan! pan! pan! frappons fort.

Le temps nous presse et la vendange abonde.
A tour de bras quand nous frappons en chœur,
Nous envions le bonheur de la bonde
Qui va baigner dans la douce liqueur.
Notre tympan d'harmonie est avide,
Mais elle altère, et le gosier s'en plaint;
Buvons donc sec, et puis un tonneau vide
Sous nos pan pan résonne mieux qu'un plein.

> Apprêtons, etc.

Ce fruit béni, que nul fruit ne remplace,
Meurt quelquefois dans ses bourgeons naissants;
La lune rousse, Hérode au cœur de glace,
Massacre aussi de frêles innocents.
Nous n'avons pas le don de prophétie,
Et cependant nous disons au buveur:
La lune rousse a manqué le messie;
Le pauvre encor va fêter son sauveur.

> Apprêtons, etc.

Un bon tonneau, c'est une forteresse
Dont le canon n'atteint pas les parois.
Le tonnelier dépense plus d'adresse
Que les Vauban pour protéger leurs rois.
Lorsque, livrés au hasard des batailles,
Trône et palais sont parfois compromis,

Le tonnelier garde dans les futailles
Un souverain qui n'a pas d'ennemis.

Apprêtons, etc.

Dame Thémis, qui ne plaisante guère
Quand à la loi s'attaque un écrivain,
Ne traite pas ceux qui lui font la guerre
Avec tant d'art que nous traitons le vin.
D'un corps captif l'esprit insaisissable
A volonté peut franchir sa cloison;
Sous une voûte et sur un lit de sable
Le tonnelier met l'esprit en prison.

Apprêtons, etc.

Sans vin la vie est une Thébaïde
Où, desséchant dans un ennui profond,
Le cœur martyr, comme une Danaïde,
Verse ses pleurs dans un tonneau sans fond.
Pauvre Héraclite, à quoi bon cette gêne?
Quand le vin pleut, pourquoi se fondre en eau?
Allons plutôt déloger Diogène;
Le bois nous manque : il nous faut son tonneau.

Apprêtons la tonne
Au fond du caveau :
La vigne nous donne
Un enfant nouveau.

Pan! pan! pan! pan! la douve et le cerceau
Pan! pan! pan! pan! vont lui faire un berceau.
Il faut un nid au jeune vin,
Un berceau pour l'enfant divin,
Frappons! qu'il entre avec effort;
Pan! pan! pan! pan! tonneliers, frappons fort.
Pan! pan! pan! pan! pan! pan! pan! frappons fort.

LA BOUFFARDE.

Musique de FAVART.

Quand de la rive on te regarde,
Gentil canot aux fins contours,
Va, ma *Bouffarde*,
Et sois toujours
Le rendez-vous de nos amours.

Dès que l'hiver fuit nos parages,
Dès qu'autour du joyeux Paris
La Marne reprend ses ombrages
Et la Seine ses bords fleuris,
Il faut voir cingler sur Asnières
Le frêle esquif que nous lançons,
Jetant aux brises printanières
L'éclat de rire et les chansons!
Quand, etc.

7.

Notre équipage, qui s'encadre
Entre ses avirons actifs,
Ne sort pas d'une fière escadre
De vieux marins rébarbatifs.
Jamais tempête ne nous pousse,
Sans boussole, sous d'autres cieux :
Nous sommes des marins d'eau douce;
Nos boussoles sont deux beaux yeux.
Quand, etc.

Le capitaine est un monarque
Peu jaloux de l'autorité;
Il laisse trôner sur la barque
Les caprices de la beauté.
Nous suivons cette souveraine
Partout où flotte son désir,
Gais argonautes qu'elle entraîne
A la conquête du plaisir.
Quand, etc.

La Bouffarde vit d'harmonie;
Jamais de révolte à son bord.
Toute contrainte en est bannie;
Chacun y rit, boit, chante ou dort.
Chacun aux manœuvres se prête,
Et, quand le bras se ralentit,
Quand le bruit des rames s'arrête,
Le bruit des baisers retentit.
Quand, etc.

Que la Seine longtemps te garde
A nos amis, à nos amours !
File, ma gentille *Bouffarde*,
File, file comme nos jours.
Pendant que fuit la folle ivresse,
Ne te plains pas du sort moqueur ;
A toi le doux flot qui caresse,
A nous les tempêtes du cœur.

Quand de la rive on te regarde,
Gentil canot aux fins contours,
Va, ma *Bouffarde*,
Et sois toujours
Le rendez-vous de nos amours.

CLARITA.

Musique de A. MARQUERIE.

J'ai laissé ma folle jeunesse
Au désert des amours menteurs.
Il me faut de fraîches senteurs,
Une oasis où je renaisse.
Cet Eden, rare sous nos cieux,
Que rêve un jour toute âme aimante,
Il est où rayonnent tes yeux,

Clarita, ma charmante.

Des sirènes m'ont fait entendre
Trop longtemps leurs chants affadis :
Un bel oiseau de paradis
Me soupire un concert plus tendre.
Le nid d'harmonie où je vois
Éclore un sourire d'amante,
Il est où gazouille ta voix,
    Clarita, ma charmante.

Idéal d'amour poétique,
Tout en toi pénètre mes sens ;
Il sort de tes bras caressants
Comme une effluve magnétique,
A mon front donne pour coussin
Le pôle adoré qui l'aimante :
Il est où palpite ton sein,
    Clarita, ma charmante.

Ton œil lance un trait qui m'entame ;
Je souffre d'un si noir forfait,
Mais aux blessures qu'il me fait
Je te sais un divin dictame.
Ce baume qui peut apaiser
Un pauvre cœur qui se lamente,
Il est caché dans ton baiser,
    Clarita, ma charmante.

LES BAISERS PERDUS.

Musique de A. MARQUERIE.

Tous les amours ont un même langage,
Que dit la lèvre au cœur qui le conçoit :
C'est le baiser, mutuel et doux gage,
Échange unique où qui donne reçoit.
C'est le baiser qui berce notre aurore,
Et quand, plus tard, dans nos sens éperdus
La passion glisse un mal qu'elle adore,
Il boit les pleurs à nos cils suspendus.
Mais tout Pétrarque un jour trouve sa Laure :
Tous les amours ont des baisers perdus.

Quand nous voyons la nature prescrire
Au jeune amour les baisers chaleureux,
Autant leur grâce appelle le sourire,
Autant fait peine un vieillard amoureux.
Riche énervé qui croit que l'or remplace
Les chauds rayons à son cœur défendus,
Il cherche en vain, suranné Lovelace,
Le feu sacré sur des charmes vendus.
Soleil d'hiver ne peut fondre la glace :
Tous les amours ont des baisers perdus.

Un jeune couple est uni pour la vie ;
L'amour chez lui marche avec la raison.
Ils vieilliront, heureux à faire envie :
Qui peut troubler un si pur horizon ?
Rien qu'un regard, tant le devoir austère
Pour la coquette a des sentiers ardus !
L'époux murmure, et, quand il doit se taire,
Sous des baisers prodigués et rendus
Sa lèvre effleure une lèvre adultère :
Tous les amours ont des baisers perdus.

L'enfant s'éveille ; un sourire s'apprête.
Oh ! que bientôt ce bonheur va changer !
Sur son berceau le croup affreux s'arrête :
« Femme, debout ! ton fils est en danger,
» Baigne son front de ta douleur amère,
» Baise ses bras par le fléau tordus,
» Rends la chaleur à ton astre éphémère,
» Rappelle à Dieu les jours qui lui sont dus. »
Il s'est éteint sous des baisers de mère :
Tous les amours ont des baisers perdus.

LE TISSERAND.

Musique de A. Marquerie.

Et psi ! vlan, vlan !
Traverse en sifflant,
Navelte, passe et repasse;
Et psi ! vlan, vlan !
Traverse en sifflant
L'espace
Et ton fil blanc.

Tisserand,
Mon savoir est si grand
A pousser la trame,
Qu'un gros drame
A monsieur Bouchardy
N'est pas mieux ourdi.
Et psi ! etc.

Buis léger,
J'aime à te diriger;
J'y sens du courage.
Ton ouvrage
Ensemble me nourrit
Le corps et l'esprit.
Et psi ! etc.

Sans discours,
Tu me fais suivre un cours
De philosophie.
Je me fie
A ton enseignement,
Fécond instrument.
Et psi! etc.

Je crois voir,
Imitant ton savoir,
L'araignée humaine
Qui promène
Un fil toujours trop fin
De projets sans fin.
Et psi! etc.

Maladroit
Celui que le sang-froid
Jamais ne refrène;
Sur l'arène
Il tombe en s'écartant
Du bras qu'on lui tend.
Et psi! etc.

Aimons-nous,
Nous jurons à genoux:
Chansons de fauvette!
La navette

A le retour charmant
  Au métier d'amant.

  Et psi! etc.

  Je plains peu
Ces naufragés du jeu
  Que le flot emporte :
    Et qu'importe
Un flot qui nous les prend?
  Un autre les rend.

  Et psi! etc.

  Ainsi va
L'enfant de Jehovah
  Vers sa fin prochaine;
    Dans sa chaîne
Il fuit, rentre et ressort,
  Navette du sort.

  Et psi! vlan, vlan!
Traverse en sifflant,
Navette, passe et repasse;
  Et psi! vlan, vlan!
Traverse en sifflant
    L'espace
  Et ton fil blanc.

IO T'AMO.

Air : *N'as-tu pas vu passer l'amour ?*

Au doux parler de l'Italie
Je viens de surprendre un refrain,
Tombé de ta bouche jolie
Comme une perle d'un écrin.
Ta voix a pénétré mon âme,
Et j'aspire à l'entendre encor ;
Tu me dis si bien : *Io t'amo*
Di tutto il mio cuor !

Je cherchais quelque fleur nouvelle,
Papillon trop insoucieux,
Quand soudain j'ai brûlé mon aile
Au rayon jailli de tes yeux.
Ils ont dans leur cercle de flamme
Arrêté mon volage essor.
A mon tour de dire : *Io t'amo*
Di tutto il mio cuor !

Effleurant tes épaules nues,
Ma lèvre vient de préluder
A ces voluptés inconnues
Dont tu promets de m'inonder.

Ah ! pour la nuit que je réclame
Veux-tu m'en doubler le trésor ?
Dans mes bras murmure : *Io t'amo*
Di tutto il mio cuor !

Mais quel noir penser t'effarouche ?
Ton œil fuit l'œil de ton amant ;
Le sourire au coin de ta bouche
Ne grave plus son pli charmant.
Tu m'éloignes, cruelle femme,
Tu me trompais donc sans remords,
Quand tu me disais : *Io t'amo*
Di tutto il mio cuor ?

Adieu, cruelle séductrice,
Toi qui jouais à m'abuser !
Ton amour n'était qu'un caprice,
Né d'un regard, mort d'un baiser,
Pour toi je n'ai pas même un blâme ;
Je te dois trop de rêves d'or.
Je redirai seul : *Io t'amo*
Di tutto il mio cuor !

LE VIEUX PARIS.

Musique de A. MARQUERIE.

Dans l'espace entr'ouvert, un beau lundi de Pâques,
Quand, de son piédestal, Strasbourg, voyant Saint-Jacques
    L'honora d'un premier bonjour,
    Le vieux saint, sinistre prophète,
    S'éveillant au bruit de la fête,
    S'écria du haut de sa tour :

    Où sont les demeures antiques?
    Où sont les tourelles gothiques,
      Les pignons vermoulus?
    Masures et maisons princières,
      Seigneurs, ribauds, sorcières
      Ont mêlé leurs poussières :
      Le vieux Paris n'est plus.

Je m'éveille, témoin quatre fois séculaire
Des fêtes où vos rois noyaient le populaire
    Dans l'hypocras et l'hydromel.
    Celui qui m'acclame au passage
    Est mieux mis, mais est-il plus sage
    Qu'au temps de Nicolas Flamel?
    Où sont, etc.

Je n'ai plus sous les yeux la naïve fontaine
Où Jésus se penchait vers la Samaritaine,
    Au son d'un joyeux carillon.
    Le temps a fouetté de ses ailes
    Pages et nobles damoiselles,
    Portant au poing l'émerillon.
    Où sont, etc.

Dans la nouvelle vie où votre art me rappelle,
Il n'est que Notre-Dame et la Sainte-Chapelle
    Qui me parlent des temps passés.
    Des siècles à croyance éteinte
    Nous braverons encor l'atteinte
    Quand vos noms seront effacés.
    Où sont, etc.

Si la fraude habitait nos échoppes obscures,
Quand vos temples de marbre ont aussi leurs Mercures
    Dont le mensonge est impuni,
    La bonne-foi voile sa face.
    Ne serait-ce qu'à la surface
    Que je vois Paris rajeuni?
    Où sont, etc.

Il est beau de bâtir de somptueux portiques,
Il est beau d'appeler les arbres exotiques
    Au cœur des squares odorants.
    Le bonheur est fils du bien-être,

Mais la vertu qui le fait naître
A des parfums plus odorants.
Où sont, etc.

Contre l'âge qui fuit l'âge qui vient conspire;
Mais la poussière a seule un éternel empire,
   Qui couvrira votre Paris.
   Quelques tronçons de mes sculptures
   Feront dire aux races futures,
   Chantant sur ses derniers débris :

   Où sont les demeures antiques?
   Où sont les tourelles gothiques,
     Les pignons vermoulus?
   Masures et maisons princières,
     Seigneurs, ribauds, sorcières
     Ont mêlé leurs poussières :
     Le vieux Paris n'est plus.

LE PLANTEUR DE VIGNES.

Air : *Cocu, cocu, mon père.*

Plantons, plantons l'arbuste
Dont la sève robuste
Se change en doux trésor
Dans un fruit de pourpre et d'or.

Au sortir de l'arche,
Le vieux patriarche,
Noé, grand bienfaiteur,
Fut son premier planteur.
Grâce à ce bon père,
On vit sur la terre
Couler, après tant d'eau,
Un liquide nouveau.

Plantons, etc.

Sombres sapinières,
Vertes pépinières,
Croissez : tout arbre vient
Au sol qui lui convient.
Moi, je mets la vigne
En première ligne,
Et des coteaux brûlants
J'en tapisse les flancs.

Plantons, etc,

La mort rend utile
Le charme stérile :
S'il vit, c'est seulement
Comme arbre d'agrément.
Vous, géants champêtres,
Peupliers, pins, hêtres,

Avez-vous la vertu
Du petit bois tortu?

Plantons, etc.

   J'accorde sans peine
   Du respect au chêne;
J'aime le marronnier,
L'orme et le citronnier;
   Mais, planteur sévère,
   Combien je préfère
Aux grâces des lilas,
Celles des échalas!

Plantons, etc.

De tout temps les hommes
   Ont vanté les pommes.
Chaque fruit est cité
Pour son utilité.
   Arbre à haute cime
   Est en grande estime;
Mais le pampre, morbleu!
Seul s'est vu faire dieu.

Plantons, plantons l'arbuste
Dont la sève robuste
Se change en doux trésor
Dans un fruit de pourpre et d'or.

LE CHANT DES COSAQUES.
(1849.)

Musique de A. MARQUERIE.

Hourrah! hourrah! hourrah! volons en France,
Hulans, kaiserliks et pandours.
C'est le pays de l'abondance;
C'est là qu'enivreront nos jours
Vins frais et chauds soleils, et lascives amours.
La France,
Des trésors infinis à qui la domptera!
Hourrah! hourrah! hourrah! hourrah!
En France!

A cheval, fils du Borysthène!
Les chants de liberté réveillent l'Occident.
Marchons vers la rive lointaine
Où se baigne la ville au peuple indépendant.
C'est chez lui que fermente
L'indomptable tourmente;
C'est là que s'alimente
L'universel discord,
Et pour son diadème
Le czar tremblant lui-même,
Déchaîne sur Paris l'avalanche du Nord.

Hourrah! etc.

De nos steppes silencieuses
Partons, la lance au poing, vers la cité des arts;
   A nous ses œuvres précieuses,
Plus que n'en contiendraient les palais de nos czars!
    A nous les vertes plaines,
    De parfums toujours pleines!
    Adieu, froides haleines
    De nos brumeux autans!
    Plus de faces moroses!
    Dans le pays des roses
Nous allons savourer un éternel printemps.
   Hourrah! etc.

   A nous leurs femmes, leurs maîtresses!
Sans le secours du knout ardentes aux plaisirs,
   Qu'elles nous mangent de caresses!
Nos pères en usaient à lasser leurs désirs.
    De par la loi des armes,
    Nous flétrirons leurs charmes;
    Que le sang et les larmes
    Ne soient pour nous qu'un jeu!
    Belles adolescentes,
    Vos lèvres frémissantes
Se glaceront d'horreur sous nos baisers de feu.
   Hourrah! etc.

   De l'or! la ville des merveilles
L'étale sur ses murs en luxueux panneaux.

Du vin ! nous préferons aux treilles
Nos ventres rebondis, à défaut de tonneaux.
   Buvons ! l'ivresse est douce ;
   Que nôtre barbe rousse
   Se plonge dans la mousse
   De leurs chaudes liqueurs ;
   Et, s'il faut que l'orgie
   Par le sang soit rougie ;
Écrasons sur leurs fronts la coupe des vainqueurs.

Hourrah ! hourrah ! hourrah ! volons en France,
   Hulans, kaiserliks et pandours,
   C'est le pays de l'abondance ;
   C'est là qu'enivreront nos jours
Vins frais et chauds soleils, et lascives amours.
   La France,
Des trésors infinis à qui la domptera !
   Hourrah ! hourrah ! hourrah ! hourrah !
      En France !

PERVENCHE.

Air : *Berthe aujourd'hui se lève soucieuse.*

Quand vous fuyez vos cités corruptrices,
Un peu souillés au contact des méchants,
Fils de famille, il faut à vos caprices
Un frais butin sur les trésors des champs.
Beaux papillons à l'aile diaprée,
Dont nulle fleur ne peut fixer le choix,
N'effleurez pas la pervenche azurée,
Qui ne sourit qu'à l'ombre des grands bois.

Cœur virginal, lèvre rose et main blanche,
Front encadré par deux bandeaux soyeux,
Telle à seize ans s'épanouit Pervenche :
Son nom lui vient du bleu pur de ses yeux.
Si près de vous qui l'a donc attirée,
Brillant jeune homme à l'amoureuse voix?
N'effleurez pas la pervenche azurée,
Qui ne sourit qu'à l'ombre des grands bois.

Mais vous voici dans son humble retraite;
Vous partagez un frugal déjeuner.
Près de la table est la couche discrète
Où vous allez peut-être l'entraîner.
Sur vos genoux elle écoute, enivrée,
Vos doux serments, prodigués tant de fois.

N'effleurez pas la pervenche azurée,
Qui ne sourit qu'à l'ombre des grands bois.

Tout est désert dans la pauvre chaumine :
Il s'est enfui, parjure et sans remord.
Pervenche est folle, et son œil s'illumine
D'un faux éclat, précurseur de la mort.
O jeunes gens, à l'âme désœuvrée,
Pour vous la ville a d'agaçants minois !
N'effleurez pas la pervenche azurée,
Qui ne sourit qu'à l'ombre des grands bois.

GARDE TON CŒUR.

Air : *Ne grandis pas, ô ma fille adorée !*

Je suis à bout de lâches imprudences,
Et mon amour enfin me fait pitié.
Aux vœux ardents, aux douces confidences
Tu n'as offert qu'une froide amitié.

Dans les dédains j'étoufferai ma flamme.
Garde ton cœur, qui m'échappe toujours ;
Je ne veux pas d'une amitié de femme,
Tant que ses yeux appellent les amours.

A mes désirs feignais-tu de souscrire,
Crédule fou, j'aimais à m'abuser,
Et l'ironie aiguisait ton sourire
Quand j'ai surpris ton unique baiser.
Dans tes dédains, etc.

Tu n'as pas fait un serment de vestale;
Un plus heureux obtiendra tes égards.
Si j'acceptais ton amitié fatale,
Que deviendrais-je au feu de vos regards?
Dans tes dédains, etc.

Cette amitié n'est qu'un jeu de coquette;
Dès qu'un hasard a rapproché deux cœurs,
L'amour qui manque une double conquête
Fait un martyr au lieu de deux vainqueurs.
Dans tes dédains, etc.

Adieu, cruelle! au baume de l'absence
Je vais devoir jusqu'à l'oubli des pleurs.
Puisse l'amour, dont tu crains la puissance,
Te refuser sa joie et ses douleurs!

Dans tes dédains j'étoufferai ma flamme;
Garde ton cœur, qui m'échappe toujours;
Je ne veux pas d'une amitié de femme,
Tant que ses yeux appellent les amours.

L'ABONDANCE.

Air des Pantins.

Vive l'abondance,
Suprême bienfait
Pour celui qui danse
Devant le buffet !

Qui n'a pas un jour senti comment gronde
L'océan du vide en son ventre creux,
Qui n'a pas dansé l'infernale ronde
N'a jamais compris un plat savoureux.
L'abondance a tort quand elle est trop stable;
Il nous faut jeûner pour en être épris.
Ainsi que l'argent qui l'amène à table,
Plus rare on la voit, plus elle a de prix.
     Vive, etc.

Je plains de tout cœur les millionnaires,
Pauvres gens qui n'ont rien à désirer,
Dont un seul repas vaut vingt ordinaires,
Qui n'ont de souci que pour digérer.
Pour eux le banquet toujours recommence;
Mais, quand un gosier toujours engloutit,
Il ne connaît plus la valeur immense
Que donne au pain tendre un long appétit
     Vive, etc.

Voyez ces ventrus que l'ennui torture :
La satiété devient leur tyran.
Ils ont tant rempli leur vaste ceinture
Qu'ils n'en peuvent plus desserrer un cran.
Ces corps trop puissants pour leurs pieds débiles
S'affaissent bientôt, et, pleins comme un œuf,
Ils s'étendent là, béants, immobiles
Comme un gros boa qui digère un bœuf.

      Vive, etc.

Plus sage est cent fois, dans sa mince étoffe,
Celui dont le bras est le seul rapport,
Qui va, naviguant en vrai philosophe,
Ce soir à la côte et demain au port.
Le ventre n'est pas son idolâtrie ;
Aux mets énervants ses goûts sont fermés.
Il sait que la faim créa l'industrie,
Et rame en chantant : Gloire aux affamés !

      Vive, etc.

La simple nature est une marâtre
Qui produit pour elle et n'apporte pas
Le pain dans la huche et le bois dans l'âtre :
Il faut conquérir le moindre repas.
Mais, pour nous tirer de sa dépendance,
Elle condamna l'oisif au dégoût,

Et celui-là seul qui fait l'abondance,
Seul, sans se blaser, peut user de tout.

    Vive l'abondance,
    Suprême bienfait
    Pour celui qui danse
    Devant le buffet!

LE BAISER DU SOIR.

Air de la Fée aux aiguilles.

Frère, un jeune cœur qui s'envole
Vers l'aride sol de Paris
Est une fleur qui s'étiole
Loin de ses ombrages chéris.
L'absence est un mortel supplice,
Et notre mère au désespoir
Ne pourrait plus sur ton front lisse
Déposer le baiser du soir.

Là-bas si la vie est moins dure,
Ici le maternel amour,
Frais comme un tapis de verdure,
Tempère l'ardeur d'un long jour.

                            D.

Quand l'ombre descend sur la plaine
Et qu'au foyer tu viens t'asseoir,
Pour te faire oublier ta peine
N'as-tu pas le baiser du soir?

Non, tu n'iras pas, ô mon frère!
Quand tu reviendrais tout joyeux,
Peut-être qu'un glas funéraire
Aurait attristé ces beaux lieux.
Tu reviendrais riche: qu'importe,
Si tu n'avais pu recevoir
Les adieux qu'une mère emporte
Dans le dernier baiser du soir!

SOUVENT FEMME VARIE.

Air : *Plains-la; son cœur est tendre et n'a jamais aimé.*

Ma Diane aujourd'hui me fait asseoir près d'elle,
Quand je devrais plutôt l'adorer à genoux.
Qu'il m'est doux de jurer que je lui suis fidèle
Comme son lévrier qui veille devant nous!
Son éventail s'abaisse; ô mon idolâtrie!
Taisez-vous : j'ai surpris un sourire moqueur.
Pourquoi m'en plaindre? Hélas! souvent femme varie;
Bien fou qui veut sonder l'océan de son cœur!

Ange et tigre à la fois, voilà notre maîtresse.
Si, dans un long bonheur puisant quelques ennuis,
Vous avez dédaigné les trésors de tendresse
Dont l'amante en délire enrichissait vos nuits,
Celle qui vous aimait, par l'outrage meurtrie,
Caresse encor des yeux son imprudent vainqueur.
Vous croyez au pardon... Souvent femme varie;
Bien fou qui veut calmer l'océan de son cœur!

Démon cent fois maudit, adorable mystère,
O femme! ton triomphe est un bienfait des cieux.
Torture ton amant, et, martyr volontaire,
Il t'aime et trouve encor ses tourments précieux.
Grâce, amour, volupté, viens, trinité chérie,
Dans le concert humain chanter un divin chœur.
Sirène de nos sens, souvent femme varie;
Bien fou qui n'a sombré dans l'océan d'un cœur!

RITA L'ARAGONAISE.

Musique de A. MARQUERIE.

On dit que mon corsage
Couvre un cœur de dragon,
Que mon œil est trop sage
Pour un œil d'Aragon.
On dit : Sers-toi des charmes
Dont le ciel te dota;
L'amour t'appelle aux armes,
    Brune Rita.

Ah! ah! qu'elle est bien aise
D'attendre son vainqueur,
Rita l'Aragonaise,
    Au cœur
    Moqueur!

Ils ne connaissent guères
Mes secrètes ardeurs,
Ces soupirants vulgaires
Dont j'entends les fadeurs.
Pour une âme mesquine
Jamais ne palpita
Ce qui sous sa basquine
    Brûle Rita.

Ah! etc.

Je veux être moins tendre
Que la belle Carmen,
Qui ne sut pas attendre
Les promesses d'hymen.
Folle d'un traître, elle erre
Dans la Sierra-Santa :
Que l'exemple t'éclaire,
   Fière Rita !

Ah ! etc.

C'est le plus beau des rôles,
D'affecter le dédain ;
Les hommes sont si drôles,
Qu'ils m'entourent soudain.
A moi, combats, arènes,
Les courses, la jota !
Qui détrône vos reines
   Mieux que Rita ?

Ah ! etc.

Il est de par l'Espagne
Un seul caballero
Que ce cœur accompagne.
Il revient : c'est Pedro.
Je sais combien il m'aime,
Depuis qu'il me quitta ;
Je lui dirai moi-même :
   Voici Rita !

Ah! ah! qu'elle est bien aise
De trouver son vainqueur,
Rita l'Aragonaise,
     Au cœur
     Moqueur!

LE POITRINAIRE.

Air : *Marguerite, fermez les yeux.*

L'ai-je bien entendu, ce mot de poitrinaire,
Que murmuraient bien bas mes imprudents amis?
Quoi! j'hérite d'un sang que rien ne régénère!
Mes amis ont dit vrai; l'espoir n'est plus permis.
Il faut mourir. Déjà! Mourir, quand l'existence,
Avide fleur, commence à peine à s'entr'ouvrir!
Eh bien, non! je ne puis croire à cette sentence :
     Je ne veux pas encor mourir,

Il est tant d'air au ciel, que ce vaste calice
Sur ma lèvre si tôt ne se tarira pas,
Et, tant qu'un jeune cœur l'aspire avec délice,
La science, l'aidant, conjure le trépas.
Un autre espoir sourit à mon âme ravie :
Deux beaux yeux suffiraient peut-être à me guérir.

Il faut qu'un chaste amour me rappelle à la vie ;
    Je ne veux pas encor mourir.

Je ne suis pas de ceux dont les folles années
Se dépensent sans but en temps improductif.
J'ai su me préparer à d'autres destinées,
Rêves d'une âme ardente, hôte d'un corps chétif.
Je consacre à la vie un rude apprentissage ;
J'ai d'utiles desseins, des projets à mûrir.
Puisque je n'ai rien fait pour marquer mon passage,
    Je ne veux pas encor mourir.

Je souffre ! Était-ce donc un mieux imaginaire ?
Seule l'illusion brillait-elle à mes yeux ?
Je souffre et sens venir l'heure du poitrinaire ;
Le soleil bienfaisant a déserté nos cieux.
Hélas ! l'arbre d'automne étendra sur ma tombe
Ses rameaux désolés et près de se flétrir !
Pitié, pitié, mon Dieu ! Déjà la feuille tombe...
    Je ne veux pas encor mourir !

AUTREFOIS ET A PRÉSENT.

Air à faire.

Autrefois, mère Madeleine,
Belle, dit-on, comme une reine,
Vous aviez plus d'un courtisan.
Parlez-nous de vos amourettes.
Venait-on vous conter fleurettes,
Comme n nous en conte à présent?
— Oui, mes enfants; à cet âge où l'on aime,
J'ai su ranger bien des cœurs sous mes lois.
Je ne sais trop si vous faites de même :
Votre à présent vaut-il mon autrefois?

— Quoi! de votre temps, Madeleine,
Un amoureux était sans peine
Tendre, soumis et complaisant,
Et vous osiez aller seulette
Avec lui causer sur l'herbette,
Comme on n'ose guère à présent?
— Oui, mes enfants; à cet âge où l'on aime,
J'allais causer à l'ombre des grands bois.
J'allais gaîment, je revenais de même :
Votre à présent vaut-il mon autrefois?

— Vous avez aimé, Madeleine.
Quand, fier de porter votre chaîne,
Un amoureux bien séduisant
Vous demandait un tendre gage,
Que faisiez-vous? Étiez-vous sage,
Comme nous sommes à présent?
— Oui, mes enfants; à cet âge où l'on aime,
Je permettais un baiser... deux et trois.
On dit tout bas que vous faites de même :
Votre à présent vaut bien mon autrefois.

LE FORBAN.

Air à faire.

A voir l'élégante toilette
Du pont, des mâts et des haubans,
Qui croirait que ma goélette
Est un nid de hardis forbans?
Oui, ceux que sa coque enveloppe
Ont le cœur plus dur que les os.
Malheur au navire d'Europe
Qui rencontre *la Fleur-des-eaux !*

La fortune qui m'accompagne
Me sourit encore aujourd'hui;
Voici venir un brick d'Espagne
S'il résiste, c'est fait de lui.

Dans un instant ses mâts superbes
Tomberont comme des roseaux
Devant les dévorantes gerbes
Que vomira *la Fleur des eaux.*

Bonne prise ! A tes pieds, Glorinde,
J'apporte des trésors royaux.
Prends ces cachemires de l'Inde,
Prends ces colliers et ces joyaux ;
Relève tes soyeuses tresses
Sous les fils d'or de ces réseaux.
O la plus belle des maîtresses,
Sois reine sur *la Fleur des eaux !*

LE CHANT DU BOSPHORE.

Musique de A. Masquelin.

O toi qui sépares deux mondes,
Bosphore, magique ruban
Que Stamboul, la perle des ondes,
A déroulé de son turban,
Limpide canal qui l'arroses,
Toi qui sous un dôme d'azur,
Entre les lauriers et les roses,
Promènes ton flot liède et pur,

Bosphore, doux rivage,
Pour tes bosquets fleuris
Ne crains plus le ravage
D'une horde sauvage;
    Sur ton rivage
Voici Londre et Paris !

Ouvrez, ouvrez les Dardanelles
Aux deux reines de l'Occident;
Déjà, sans leurs mains fraternelles,
Sinope aurait eu son pendant,
Marchez où le droit vous invite,
Au repaire du spadassin,
Où le pavillon moscovite
Déshonore le Pont-Euxin.

    Bosphore, etc.

C'est au nom du ciel en colère
Que le fourbe, se récriant,
Déchaîne la horde guerrière
Vers les plages de l'Orient.
Ah ! si ce Dieu qu'il rapetisse,
Jusqu'à nous quelquefois descend,
N'est-ce pas pour faire justice
Au faible qu'étreint le puissant ?

    Bosphore, etc.

Odessa n'est qu'une préface;
Sébastopol, c'est à ton tour.
Ces flottes que tu vois en face
Vont brûler ton nid de vautour.
Hourra, les marins d'Angleterre!
En avant, les marins français!
Jamais les foudres de la guerre
N'ont tonné plus rude succès.

    Bosphore, etc.

Voici tressaillir le vieux monde;
L'espoir d'un éternel accord,
Naît de l'alliance féconde
De l'Occident contre le Nord.
Sous le Coran, sous l'Évangile,
Peuples, unissez vos faisceaux,
Et le colosse aux pieds d'argile
Va sombrer avec ses vaisseaux.

    Bosphore, doux rivage,
    Pour tes bosquets fleuris
    Ne crains plus le ravage
    D'une horde sauvage;
      Sur ton rivage
    Voici Londre et Paris!

BOMARSUND.

Air des Sergents. (A. Marqueriz.)

Que Bomarsund soit inscrit dans l'histoire;
Ce fier début fait tressaillir nos cœurs.
Quand la justice est avec la victoire,
    Gloire aux vainqueurs!

Gronde au loin, gronde, écho de la Baltique;
    Porte au colosse fanfaron
Notre succès et ce qu'il pronostique;
    Ce n'est là qu'un premier fleuron.
    Notre couronne triomphale,
    Vautour, planera sur ton nid;
    Nous saurons, vivante rafale,
    Renverser tes murs de granit.
Que Bomarsund, etc.

Dans le manteau d'une morgue insultante,
    Czar, en vain tu veux te draper;
Le monde entier palpite dans l'attente
    Du grand coup qui doit te frapper.
    Partout tu sèmes des entraves;
    Mais, malgré tes conseils pervers,

Pour alliés nous avons des braves ;
Tu n'as d'alliés que les hivers.
Que Bomarsund, etc.

Mais Bomarsund est une de ces places
Que n'atteignent point les frimas.
Là nous pourrons, en dépit de tes glaces,
Abriter nos milliers de mâts,
Avant peu, l'Europe l'espère,
Marchant sans trêve ni repos,
Sur ton imprenable repaire
Nous irons planter nos drapeaux.
Que Bomarsund, etc,

Par le sang-froid, le courage et l'adresse
Viens voir quel est le plus puissant ;
De tes soldats viens peser la détresse,
Puisque ton œil altile le sang,
Viens voir ces glorieuses scènes,
Comment visent nos tirailleurs,
Comment ces démons de Vincennes
Ont foudroyé tes artilleurs.
Que Bomarsund, etc.

Sur tous les points l'Angleterre et la France
Vont châtier les agresseurs ;
Sur tous les points, symbole d'espérance,
Les deux rivales se font sœurs.

Bientôt puisse une paix chérie,
Naître de ce second hymen,
Et refouler la barbarie
Au delà du froid Niémen !

Que Bomarsund soit inscrit dans l'histoire;
Ce fier début fait tressaillir nos cœurs,
Quand la justice est avec la victoire,
Gloire aux vainqueurs !

LA BATAILLE DE L'ALMA

De Bomarsund la glorieuse histoire
Arrive à peine au sol oriental,
Et la réponse est un chant de victoire,
Et le czar pleure encore un coup fatal.
En moins d'un jour son invincible armée
Tombe et s'enfuit sous notre choc ardent,
Flots de l'Alma, rivages de Crimée,
Tremblez ! voici les soldats d'Occident.

Le cœur bouillant, l'œil plein d'intelligence,
Au milieu d'eux le Turc vient se ranger;
Le Turc se plaint, altéré de vengeance,
De n'avoir pas plus de part au danger,

Pour raffermir la justice alarmée,
Trois nations n'ont qu'un seul commandant.
Flots de l'Alma, rivages de Crimée,
Tremblez ! voici les soldats d'Occident.

Gloire aux enfants de la vieille Angleterre,
Sous la mitraille affrontant le trépas !
Des rangs entiers en vain jonchent la terre :
Ils vont toujours, impassibles, au pas.
Courage, amis ! leur masse est entamée ;
Votre arme blanche a le contact mordant.
Flots de l'Alma, rivages de Crimée,
Tremblez ! voici les soldats d'Occident.

Sois fière aussi, France, mère des braves !
Vois-tu là-haut l'ennemi culbuté,
La baïonnette aux mains de tes zouaves
Clouant au roc le Russe épouvanté ?
Que peut sur nous cette tourbe affamée,
Serfs abrutis sous un joug dégradant ?
Flots de l'Alma, rivages de Crimée,
Tremblez ! voici les soldats d'Occident.

L'écho plaintif des plages de Sinope
Retentira bientôt d'un cri vengeur.
Czar dont l'orgueil a révolté l'Europe,
Sébastopol sera ton ver rongeur.

Ta flotte en feu dans le port enfermée
Va s'engloutir avec ton ascendant.
Flots de l'Alma, rivages de Crimée,
Tremblez! voici les soldats d'Occident.

AUX ITALIENS.
(1859.)

Air : Salut, trône d'airain.

Sous le joug de l'Autriche altière
C'est trop longtemps être à genoux :
A chaque peuple sa frontière ;
Dix-huit cent quinze est loin de nous.
Depuis cette époque fatale,
Italiens, vous n'êtes plus.
A bas les traités vermoulus
Qu'imposa la force brutale !

Levez-vous, vieux martyrs d'un pacte criminel !
Contre les oppresseurs le droit est éternel.

Drapeau de votre jeune armée,
Le droit bientôt sera vainqueur,
Et votre cause est acclamée
Partout où bat un noble cœur.
Le courage et l'intelligence
Assurent de votre côté

Les douceurs de la liberté
Et le plaisir de la vengeance.

Levez-vous, etc.

Mais vos cœurs débordent de rage
Devant leurs attentats sanglants,
Comptez donc les femmes qu'outrage
Le fouet odieux des hulans !
L'Europe a traduit à sa barre
Ces cyniques flagellateurs,
Soyez les exterminateurs
D'une soldatesque barbare.

Levez-vous, etc.

Les Alpes tremblent ; de leurs cimes
Un tourbillon est descendu :
C'est la France aux élans sublimes,
Dont votre appel est entendu.
Gênes sous ses superbes dômes
Reçoit aussi nos bataillons,
Champs lombards, jamais vos sillons
N'ont vu de tels moissonneurs d'hommes.

Levez-vous, etc.

Fiers soldats de l'indépendance,
Soyez unis : vous serez forts.
En avant ! et la Providence
Bénira les communs efforts,

Toujours fidèle à son histoire,
Tendre au faible, hostile aux tyrans,
La France combat dans vos rangs :
Entonnez le chant de victoire.

Levez-vous, vieux martyrs d'un pacte criminel !
Contre les oppresseurs le droit est éternel.

L'ITALIENNE

(1859.)

Musique de A. Marquerie.

Silence à l'intérêt vulgaire,
Quand parlent d'immenses douleurs !
Que les grandes voix de la guerre
Couvrent le sabbat des trembleurs,
Le peuple qui chassa les ténèbres gothiques,
Le premier émergé du naufrage romain,
Va renaître plus grand que dans les temps antiques ;
A l'immortel martyr la France tend la main !

Salut, salut, belle Italie !
Sors de ton suaire sanglant.
Ils t'ont vivante ensevelie,
Mais le ver du tombeau n'a pas rongé ton flanc.

C'est la même sève vitale
Qu'aux jours des fertiles exploits,

Où sa puissante capitale
    Au monde entier donnait des lois.
L'oppresseur avait pu croire à sa décadence;
Il juchait un pygmée où trônaient les Césars,
Et voilà que se lève, au cri d'indépendance,
Le symbole incarné du génie et des arts.

    Salut, etc.

    Plus de tache au ciel où l'Autriche
    Planait en sinistre épervier!
    Plus de sang où le sol si riche
    Mûrit la vigne et l'olivier!
Sol fécond qui depuis la rouille féodale
Oppose à tout barbare un savant qui l'instruit;
Où l'artiste, plus fort que la fureur vandale,
Répond par un chef-d'œuvre au chef-d'œuvre détruit.

    Salut, etc,

    Bénissez l'ardente phalange
    Qui s'élance à la liberté,
    Dante, Raphaël, Michel-Ange,
    Impérissable trinité!
Entendez-vous déjà? C'est Venise l'esclave
Qui tressaille au long cri tombé de l'Apennin;
Plus humide de pleurs que du flot qui la lave,
Venise enfin sourit au rêve de Manin.

Salut, salut, belle Italie!
Sors de ton suaire sanglant;
Ils t'ont vivante ensevelie,
Mais le ver du tombeau n'a pas rongé ton flanc.

AUX SOLDATS FRANÇAIS.

Air : *Le peuple est roi.*

Hostile au droit, aveugle d'impudence,
L'aigle de Vienne a franchi le Tessin;
Mais tout un peuple au cri d'indépendance
Se lève et sonne un suprême tocsin.
Fils de la France, avec ce peuple frère,
Sur son beau sol, si fécond en martyrs,
Courez frapper l'agresseur téméraire,
Et laissez-lui de sanglants repentirs.

En avant! la coupe est remplie;
L'Autriche s'enivre d'excès.
Secourez la noble Italie,
      Soldats Français.

Pour l'Autrichien la victoire est avare;
Dans ses succès à grand bruit publiés,
Que trouve-t-on? le hasard de Novare,
Où seul le nombre accabla nos alliés.

Sarde et Français, quand la revanche arrive,
Vos bras vainqueurs doivent encor s'unir,
Comme en Crimée, à la lointaine rive,
Où l'Allemand félon n'osa venir,
    En avant! etc.

Qui règne là? C'est le fauve Croate,
C'est le vautour au nid du rossignol.
Mieux que la voix du sage diplomate,
La baïonnette en purgera le sol.
Qu'il soit donc libre! et, quand l'ombre s'obstine
Sous l'éteignoir des tudesques Césars,
Rendons l'éclat à la race latine;
Nous lui devons la lumière des arts.
    En avant! etc.

Au premier choc sur ces masses stupides,
La ligne ardente entrera dans leurs flancs;
A votre tour, cavaliers intrépides,
Portez l'effroi dans leurs débris sanglants.
Chassez bien loin ces milices infâmes,
Mais n'allez pas dégaîner sans profit;
Pour ces pandours qui flagellent les femmes,
Sabre au fourreau : la cravache suffit.

    En avant! la coupe est remplie;
    L'Autriche s'enivre d'excès.
    Secourez la noble Italie,
        Soldats Français.

LA CHANSON DE TOUT LE MONDE.

Musique de A. Marqueirie.

Il est une chanson féconde
Qui se reproduit nuit et jour;
C'est la chanson de tout le monde,
    C'est l'amour.

C'est une voix universelle
Qui monte de la terre aux cieux,
Un chœur où tout artiste excelle,
Où tout motif est gracieux.
La mer la murmure au rivage,
La montagne aux bois d'alentour;
Harmonie exquise ou sauvage,
Tout aime, tout chante l'amour.
    Il est, etc.

Le grillon l'enseigne aux familles
Que le saint foyer réunit;
L'oiseau la soupire aux charmilles,
Le bruyant coursier la hennit;
La diaphane demoiselle
La dit au bouquet d'ajoncs verts,
Et l'insaisissable gazelle
La jette aux sables des déserts.
    Il est, etc.

L'amour, divine symphonie,
Charme les humbles et les grands ;
Lui seul inspire le génie,
Lui seul nivèle tous les rangs.
Près de la vierge il fait merveille ;
C'est quand il l'entraîne à l'hymen,
Que le cœur naïf de la veille
A tant d'esprit le lendemain.
Il est, etc.

Sa voix, aux cités moins fatale
Que les clairons de Jéricho,
Pour remplir la couche natale
Jette un appel qui trouve écho.
Ses fanfares sont des caresses,
Et partout il marche en vainqueur ;
Il apprivoise les tigresses,
A l'avare il prête du cœur.
Il est, etc.

Amour fécond, que la nature
Oppose au temps dévastateur,
Doux parfum que la créature
Élève vers son Créateur,
De la terre reconnaissante
Entends les éternels concerts ;
Par toi la mort est impuissante
A dépeupler notre univers.

Il est une chanson féconde
Qui se reproduit nuit et jour;
C'est la chanson de tout le monde,
C'est l'amour.

LES BEAUX JOURS.

Air des Baisers perdus.

L'hiver sévit : les pâles sentinelles
Frappent du pied en marchant à grands pas;
Au souffle aigu de ses nuits éternelles
Sur son grabat le pauvre ne dort pas.
Le givre pend sous les branches tremblantes
En longs cristaux par le vent balancés;
Demain la vitre aux fleurs étincelantes
Ne fondra pas sous des rayons glacés.
Maudit hiver, que tes heures sont lentes!
Tous nos beaux jours sont si vite passés!

Dès que les cieux, devenus moins sévères,
Rendront les fleurs aux gazons reverdis,
Courez aux bois cueillir les primevères,
Gentils enfants par le froid engourdis.
Que votre mère avec bonheur respire
Vos frais bouquets sur ses lèvres placés :

Ces lèvres-là, le parfum les attire;
Vos fronts bientôt vont en être pressés.
Heureux les jours où l'on cueille un sourire!
Tous nos beaux jours sont si vite passés!

Cueillez l'amour au printemps de la vie,
Mais redoutez ses plus cruels tourments,
Si malgré vous votre âme est asservie
Par une femme infidèle aux serments.
Vous l'adorez : un caprice vous range
Au nombre accru des amants délaissés;
Son cœur impur ose souiller de fange
Les ailes d'or des amours offensés.
Heureux les jours où l'on trouve un cœur d'ange!
Tous nos beaux jours sont si vite passés!

Tant qu'au travail votre vigueur commande,
Si vous avez souci du lendemain,
Faites la part que la raison demande
Pour vous, pour ceux qui tombent en chemin.
Les sucs si doux que l'abeille distille
Sont des trésors pour l'hiver amassés,
Que votre avoir ne soit pas infertile;
Tendez la main à vos frères lassés.
Heureux les jours où l'on peut être utile!
Tous les beaux jours sont si vite passés!

TOUT EST CHANGÉ.

Air : *Tu grandiras.*

L'ardent moteur qui bat sous ma poitrine
Échappe-t-il aux outrages du temps?
Il va neiger sur ma tête chagrine,
Et j'aime encor comme dans mon printemps.
De l'âge mûr les fatales disgrâces
Parlent déjà sur mon miroir moqueur.
O mes vingt ans ! je cherche en vain vos traces :
Tout est changé, tout, excepté mon cœur.

Mais quand le front sous la ride s'estampe,
Quand l'œil troublé se creuse et voit jaillir
Les fils d'argent au derme de la tempe,
Pourquoi le cœur ne sait-il pas vieillir?
Dans ce contraste il est des ironies
Dont aujourd'hui j'ai l'amère saveur.
Le jeune amour ne vit que d'harmonies.
Tout est changé, tout, excepté mon cœur.

Qui me rendra les premières maîtresses,
A l'œil changeant, si naïf ou si fin?
Où sont les jeux aux brûlantes caresses,
L'heure trop courte et les baisers sans fin?

Je sens qu'un seul rallumerait ma fièvre ;
Mais, si j'implore encor cette faveur,
On m'offre un front quand j'appelle une lèvre.
Tout est changé, tout, excepté mon cœur.

Tout est changé. De ma première flamme
Pourrais-je, hélas ! reconnaître l'objet?
Mais à mon cœur je n'en fais pas un blâme ;
L'amour ne vit qu'en changeant de sujet.
Du noir rivage où chacun doit descendre
Lui seul remonte en éternel vainqueur ;
Il est l'oiseau qui renaît de sa cendre.
Tout est changé, tout, excepté mon cœur.

SOUVENIRS DE LA BASTILLE.

Air : *Je vais chanter ma république.*

Sur cette place où tout un monde
Roule comme un bruit de tambour,
Asphalte uni qu'au soir inonde
Le flot du populeux faubourg,
Là, sous notre œil, lorsque scintille
Ce bronze altier recouvert d'or,
Le souvenir prend son essor :
On rêve, on rêve à la Bastille.

Ressuscitons par la mémoire
Ce fantôme au manteau de plomb,

Qui soulève sa masse noire
Au milieu d'un fossé profond.
O vous pour qui grince sa grille,
De l'espoir soufflez le flambeau;
Entrez vivants dans le tombeau!
On ouvre, on ouvre la Bastille.

C'est ici que plus d'un Latude
A vu blanchir tous ses cheveux.
Vous qui cherchez la solitude
Où s'échangent les doux aveux,
Jeunes amants, troupe gentille,
Portez loin de ces sombres tours
Votre sourire et vos amours :
On pleure, on pleure à la Bastille.

Mais voici le jour de colère
Qui poind au brûlant horizon;
Tout tremble, et le bras populaire
S'attaque à l'antique prison.
Le noir vaisseau brisé sur quille
Rend au jour ses spectres vivants,
Et ce cri passe à tous les vents :
On danse, on danse à la Bastille!

Si pour l'honneur de la patrie
Nos pères ont versé leur sang,
C'est aux luttes de l'industrie
Qu'aujourd'hui le peuple est puissant.

Un ciel plus doux sur nos fronts brille,
Et, symbole de temps meilleurs,
Au milieu des gais travailleurs,
On chante, on chante à la Bastille.

LES FLIBUSTIERS.

Musique de A. MARQUERIE.

Alerte, alerte au cri de la vigie !
Démons des eaux, flibustiers, levez-vous !
Voile à tribord ! branle-bas ! montrez tous
    Votre vieille énergie !
      A nous !
   Rien n'échappe à nos coups.
      A nous !
Branle-bas, flibustier, et ce brick est à nous !

C'est un Espagnol : bonne prise !
Si j'en juge à sa coque grise,
Qui se payane sous la brise,
Grave comme un corrégidor,
Dans sa cale il porte fortune,
Et le diable nous en doit une :
Échangeons ; frémissants à l'appât du trésor,
Le fer de nos boulets contre ses lingots d'or.

   Alerte, etc.

Déjà notre aspect le tourmente;
Il approche, et sa crainte augmente :
Sabords à la gueule fumante,
Préparez-lui d'amers regrets.
N'oublions rien pour sa capture.
Il veut fuir : rasons sa mâture.
La première bordée emporte ses agrès ;
Allons, mes loups de mer, vos grappins sont-ils prêts?
   Alerte, etc.

   A l'abordage ! quelle fête !
   Frappons au cœur ! frappons la tête !
   Balayons, vivante tempête,
   Leur pont ruisselant d'un sang chaud.
   Au dernier qui fait résistance,
   La grande vergue pour potence !
Dépêchons ! sans merci, dans une heure il nous faut
A leurs tonneaux de vin livrer un autre assaut.
   Alerte, etc.

   Hourra ! son pavillon s'abaisse;
   Sous nos haches le pont s'affaisse.
   Enfants, j'en ai fait la promesse,
   Nous tenons l'Espagnol hautain.
   Je méprise autant que ma vie
   Ces trésors qui vous font envie :
Entre vous, matelots, partagez le butin;
Il me suffit, à moi, de fixer le destin.

Alerte, alerte au cri de la vigie !
Démons des eaux, flibustiers, levez-vous !
Voile à tribord ! branle-bas ! montrez tous
Votre vieille énergie !
A nous !
Rien n'échappe à nos coups.
A nous !
Branle-bas, flibustiers, et ce brick est à nous !

LE CAMÉLÉON.

Air des Baisers perdus.

Caméléon, toi dont la peau reflète
A ton caprice arbre, feuillage ou fleur,
Peintre et tableau sans pinceau ni palette,
Pourquoi changer si souvent de couleur ?
Es-tu la haine aspirant quelque drame ?
Es-tu l'envie aux venimeux discours ?
Les passions des couleurs ont la gamme :
Peut-être es-tu l'image des amours ?
Si ton modèle est le cœur d'une femme,
Caméléon, tu changeras toujours.

Mais la blonde Ève est la mère des hommes ;
Son cœur nous passe à travers tous les temps,
Et nous aussi, dignes fils que nous sommes,
Nous l'imitons dans ses goûts inconstants.

Un trait nouveau dans ton âme se glisse,
Amant volage : appelle à ton secours
L'or corrupteur, ton fidèle complice...
Voici ton rêve habillé de velours.
Désir d'hier demain fait ton supplice :
Caméléon, tu changeras toujours.

La Paméla qui veut boire au Pactole,
Répudiant son honneur plébéien,
Comme un Romain montait au Capitole
Monte à Bréda, son rocher tarpéien.
Mais tôt ou tard la morale se venge ;
L'or des amants fuit avec les beaux jours.
Devenu vieux, que fera le bel ange
Qui s'adorait dans d'insolents atours?
Il se plaira dans l'ivresse et la fange :
Caméléon, tu changeras toujours.

Ambitieux, tu n'as qu'une devise :
C'est qu'un million fait vivre plus longtemps,
Et qu'à la Bourse un million s'improvise;
Hasarde tout, et, soucieux, attends.
Quel coup! la baisse a fait une hécatombe.
Lis ton désastre écrit aux derniers cours.
Tout est perdu : pour ton honneur qui tombe
Un pistolet est l'extrême recours.
Tu voulais vivre, et tu t'ouvres la tombe :
Caméléon, tu changeras toujours.

SOUS LE RIDEAU.

Air de la Navigation aérienne.

Lit fortuné qui portes Marguerite,
Pourquoi cacher ton précieux fardeau?
Laisse-moi voir le trésor qui s'abrite,
	Sous ton rideau.

Qui me retient? quelle crainte balance
	Mon cœur ardent et curieux?
N'hésitons plus; avançons en silence
	Vers le réduit mystérieux.
	Soyons, puisqu'elle dort encore,
	Plus léger que n'est son sommeil;
	Avant la matineuse aurore
	J'aurai baisé son front vermeil.
Lit, etc.

Entre elle et moi la blanche mousseline
	Ne met plus qu'un frêle rempart.
A son chevet doucement je m'incline;
	J'écoute : pas un bruit n'en part.
	Déjà pour l'air frais de la plaine
	A-t-elle quitté son coussin,
	Ou trop faible est-elle l'haleine
	Qui soulève son joli sein?
Lit, etc.

Elle est ici; voici sa verte robe
   Et sa toilette du matin,
Et ce corset qui dessine et dérobe
   Tant de charmes sous le satin.
   Je vais donc voir ces deux esclaves
   Au lacet toujours asservis,
   Libres enfin de leurs entraves,
   Palpiter à mes yeux ravis !

Lit, etc.

Qui m'en sépare? Un voile diaphane,
   Et je tremble et n'ose l'ouvrir.
Brise embaumée, aide à ma main profane;
   Découvre, dussé-je en mourir...
   Pardonne, ô chère Marguerite!
   Moi-même, amant trop indiscret,
   De mon audace je m'irrite;
   Dors encor : ton œil me tûrait.

Lit, etc.

Ma vue est trouble, et je ris, et je pleure...
   Oserai-je un baiser bien pur?
Rien qu'un baiser! Ma lèvre ardente effleure
   Cet albâtre aux veines d'azur.
   Délire d'amour me dévore :
   Osons tout. Marguerite, à toi !
   J'ai trop vu; je veux plus encore :
   Discret rideau, protége-moi!

Lit fortuné qui portes Marguerite,
Pourquoi cacher ton précieux fardeau?
Laisse-moi voir le trésor qui s'abrite
Sous ton rideau.

L'INGÉNU.

Air à faire.

J'adore la belle Nicette,
Et la coquette,
Quand je soupire à ses genoux,
Rit en dessous
Et ne montre pas de colère.
Je ne saurais donc lui déplaire,
Et cependant
Je dis souvent :
De mon martyre
Pourquoi tant rire?
Ah!
Sur tout cela
Qui donc m'éclairera?

Quand vient la fête du village,
J'ai l'avantage,
Avec elle, au premier signal,
D'ouvrir le bal.

Mais, sitôt que Bastien s'avance,
C'est pour lui la dernière danse;
    Puis, à la nuit,
    Il la conduit,
    Sans nul mystère,
    Près de sa mère.
        Ah!
    Sur tout cela
    Qui donc m'éclairera?

Qu'à Nicette j'offre une rose
    A peine éclose,
Elle sourit et dit : C'est bien;
    Puis de Bastien
Elle en pare la boutonnière.
Si je lui passe la rivière
    Dans mon bateau,
    Crac! aussitôt
    Sur l'autre rive
    Bastien arrive.
        Ah!
    Sur tout cela
    Qui donc m'éclairera?

LA BOURGUIGNONNE.

Musique de G. BONNEFOND.

Dût-on crier à la licence,
Il est trois beautés que j'encense :
L'une sur le tuf d'Épernay,
L'autre à Bordeaux, l'autre à Volnay,
Le même jour ont pris naissance.
Bourguignonne, à toi mes amours
        Toujours !
    Sois ma douce maîtresse ;
Bourguignonne, à toi mes amours !
        Toujours
    Tu charmeras mes jours.

La Champenoise est un peu fière,
Et, pour dompter cette âme entière,
Il faut qu'un maître intelligent
Sous un petit casque d'argent
Emprisonne sa tête altière.
Bourguignonne, etc.

La Bourguignonne est moins coquette ;
Sans clinquant et sans étiquette
Elle séduit un amoureux,

Et plus ses atours sont poudreux,
Mieux elle fait une conquête.

Bourguignonne, etc.

Du pôle sud en Sibérie,
Aux longs voyages aguerrie,
La Bordelaise a des succès;
Mais ma belle, aux goûts plus français,
N'a d'amour que pour la patrie.

Bourguignonne, etc.

Pas de saison qui ne lui plaise;
Au froid, au chaud elle est à l'aise.
Pour rendre à son sang engourdi
Le feu natal de son Midi,
Il faut chauffer la Bordelaise.

Bourguignonne, etc.

Moindre d'effet que de courage,
La Champenoise est un orage;
Elle écume et part en grondant :
La Bourguignonne au cœur ardent
Fait moins de bruit et plus d'ouvrage.

Bourguignonne, à toi mes amours
Toujours!

Sois ma douce maîtresse;
Bourguignonne, à toi mes amours!
Toujours
Tu charmeras mes jours.

PIQUETTE ET FILLETTE.

Musique de G. Bonnefond.

Mes amis, tant qu'on chantera
La piquette,
La fillette,
La piquette nous grisera,
La fillette nous aimera,
Ah!
Et tout nous sourira.

S'il est un baume souverain
Contre l'ennui qui nous oppresse,
N'est-ce pas le joyeux refrain
Qu'entonnent l'amour et l'ivresse?
Mes amis, etc.

A jeun nous osons peu, mais quand
Le vin pétille dans nos verres,
Le cœur devient plus éloquent
Et les beaux yeux sont moins sévères.
Mes amis, etc.

Lazzarone de nos vieux murs,
Le lézard de soleil s'enivre;
Le soleil aux raisins bien mûrs
Transmet le feu qui fait tout vivre.

Mes amis, etc.

Le vin n'entre pas au sérail,
Où la beauté bâille et sommeille.
Vive la lèvre de corail
Qui s'ouvre à la coupe vermeille!

Mes amis, etc.

Le chant possède un doux pouvoir;
Il force des bouches mutines
Au sourire qui laisse voir
Un double rang de perles fines.

Mes amis, etc.

Si les dieux que nous encensons
Ne sont qu'idoles éphémères;
Le vin, l'amour et les chansons
Sont nos plus durables chimères.

Mes amis, tant qu'on chantera
        La piquette,
        La fillette,

La piquette nous grisera,
La fillette nous aimera,
Ah!
Et tout nous sourira,

LA MARCHE DES CONSCRITS.

Air des Sergents. (A. MARQUERIE.)

Plan, rantamplan! le tambour nous rassemble;
Le devoir parle, et nous l'avons compris.
Plan, rantamplan! que nos cœurs soient ensemble,
Jeunes conscrits.

A son appel jamais notre patrie
N'a trouvé des enfants ingrats,
Et, quoique en paix, cette mère chérie
Doit cependant armer nos bras.
Gardiens de son indépendance,
Soyons forts contre l'étranger;
Disciplinés par la prudence,
Soyons prêts devant le danger.

Plan, etc.

S'il faut frapper, que le sort en décide!
Plus heureux que nos devanciers,

Nous n'aurons plus la guerre fratricide,
    Le sang aux sillons nourriciers ;
    Ah ! puissions-nous, sainte patrie,
    Porter, derniers triomphateurs,
    A la dernière barbarie
    Tes drapeaux civilisateurs !

Plan, etc.

Rien n'est perdu quand la loi nous enlève,
    Aux compagnons de nos travaux :
Le dévoûment, sacerdoce du glaive,
    Nous fait encore leurs rivaux,
    La France, mère de tendresse,
    N'en déshérite aucun enfant.
    Gloire à qui produit la richesse !
    Gloire égale à qui la défend !

Plan, etc.

Partons, conscrits ! Sur les rives natales
    Nous laissons bien des yeux en pleurs,
Dérobons-nous aux tristesses fatales ;
    Comprimons de saintes douleurs,
    En avant, la mâle énergie !
    Toute faiblesse est un affront.
    Nous reviendrons l'ame élargie,
    Le cœur tendre et la gloire au front.

Plan, rantamplan, ! le tambour nous rassemble ;
Le devoir parle, et nous l'avons compris.
Plan, rantamplan ! que nos cœurs soient ensemble,
    Jeunes conscrits.

LE RÉVEIL DE LA CHANSON.

Air du Mendiant.

Rentrez, dame malice,
  Dans vos foyers déserts,
Et réveillez l'esprit qui glisse
Des chants nouveaux sur nos vieux airs.

On la disait morte ou malade,
La muse du gai boute-en-train ;
Mais la musique et la roulade
N'enterreront pas le refrain,
Est-il besoin qu'on la défende
Contre un buveur d'eau qui viendra,
Bouche en cœur et bras en guirlande,
Anonner un air d'opéra ?
   Rentrez, etc.

Leur musique nous effémine ;
Chanson, tu dicteras tes lois
Tant qu'il restera dans ta mine
Quelques grains du vieux sel gaulois.

Ceux qui disent que tu recules
Alimenteront tes autels.
Vis autant que leurs ridicules :
Tes flons flons seront immortels.

  Rentrez, etc.

Voit-on nos charmantes Lisettes
Moins tendres aux propos galants,
Plus véridiques nos gazettes,
Nos parvenus moins insolents?
Chanson, tout prête à ta parole;
Ton esprit, rare fleur du ciel,
Mûrit dans la même corolle
Les sucs piquants et le doux miel.

  Rentrez, dame malice,
  Dans vos foyers déserts,
Et réveillez l'esprit qui glisse
Des chants nouveaux sur nos vieux airs.

LA NOCE.

En avant! ronflez, pistons,
Violons et clarinettes.
En avant les chansonnettes!
    Sautons,
    Dansons
  Sur tous les tons.

Encore un jour de folie,
Et ce sera le dernier.
J'épouse fille jolie,
Un amour tout printanier.
Dussiez-vous crier merveille,
Amis, sous les lois d'hymen
Le libertin de la veille
Devient un sage demain.

En avant, etc.

A l'église, à la mairie
Tous deux nous avons juré
Ce fameux *oui* qui marie :
Bénis soient maire et curé !
Maintenant vive la joie !
Un cri bien doux retentit :
A table ! et qu'on y déploie
Un formidable appétit.

En avant, etc.

Le musicien perd l'haleine,
Qu'il retrouve au fond des pots;
Les convives, bouche pleine,
Échangent de gais propos.
Lorgnant la jeune épousée,
La fille d'honneur sourit ;

Sa pudeur apprivoisée
Aux traits malins s'aguerrit.
En avant, etc.

Viens, épouse bien-aimée :
Voici des sons précurseurs.
La ritournelle animée
A provoqué les danseurs.
Au bal que ta grâce brille,
Viens, reine de cette nuit,
Ouvrir le joyeux quadrille :
Toute la noce te suit.
En avant, etc.

Crois-en ma vive tendresse,
Nous sommes seuls un moment.
Trop de fatigue t'oppresse :
Sauvons-nous discrètement.
Demain nous serons plus souples,
Reposés dans notre amour.
Laissons dire aux jeunes couples
Qui danseront jusqu'au jour :

En avant! ronflez, pistons,
Violons et clarinettes.
En avant les chansonnettes!
    Sautons,
    Chantons
  Sur tous les tons.

INVOCATION AU DIEU DES GARÇONS.

Air à faire.

Célibataire
Que l'on m'enterre,
Plutôt que d'enchaîner ma main :
Fi de l'hymen !
Il est étrange,
Quand on se range
Sous les lois de ce dieu si laid.
Comme on déplaît !
Il vous change en amant fossile,
Et le minois le plus facile
N'attend de vous aucun dessein
Sain.
Que l'on m'excuse
Ou qu'on m'accuse
D'avoir un goût fort peu légal,
Ça m'est égal.
Fi des censures !
Toi qui m'assures
Ma liberté, ma gaîté, mes amours,
Dieu des garçons, protége-moi toujours !

Mon existence
A l'inconstance

Doit jusqu'ici ses plus beaux jours,
    Si beaux, si courts!
    Femmes et filles
    Les plus gentilles
M'ont fait jurer sincèrement
    Plus d'un serment.
Si les maris me font la guerre,
Morbleu! je ne me prive guère
De me montrer plus belliqueux
    Qu'eux!
    Qu'ils me maudissent
    Ou m'agrandissent
L'élastique anneau conjugal,
    Ça m'est égal.
    Toi qui m'observes,
    Toi qui conserves
Ma liberté, ma gaîté, mes amours,
Dieu des garçons, protége-moi toujours!

    Avec ses charmes,
    Puissantes armes,
La femme sert un favori
    Mieux qu'un mari,
    Et souvent même
    Celui qu'elle aime
Est protégé par son époux,
    Quoique jaloux.

Je ne veux ni titre ni place ;
Mais, sans être un peu Lovelace,
Que peut espérer un garçon ?
        Rien.
      Faut-il sourire,
      Feindre un martyre,
Ou soupirer un madrigal ?
       Ça m'est égal.
      Tout me seconde,
      Et tout féconde
Ma liberté, ma gaîté, mes amours :
Dieu des garçons, protége-moi toujours !

      Quand je sommeille,
      Jamais l'oreille
Ne me tinte aux cris des marmots,
      Toujours grimauds.
      Le soir, personne
      Ne me raisonne :
Pas de reproche ni d'humeur,
      Pas de rumeur.
Si quelque brave homme proclame
Les mille vertus de sa femme,
Pendant qu'au front de ce benêt
       Naît,
      Sans qu'il y pense,
      Une éminence

Inconnue au bon docteur Gall,
    Ça m'est égal :
    Son infortune
    Point n'importune
Ma liberté, ma gaîté, mes amours.
Dieu des garçons, protége-moi toujours !

CANDIDATURE ÉPICURIENNE.

Air de la Mère Grégoire.

    J'aime la chanson,
J'aime surtout à la folle
    Repas sans façon,
Vin qui tape et fille jolie,
    Et, pour être admis
    Au rang des amis
Dont Désaugiers est le modèle,
A cet appel je suis fidèle :
    Sois épicurien ;
    Tout le reste n'est rien.

    Que me manque-t-il
Pour m'asseoir près des plus avides ?
    Si mon nez subtil
Rechigne devant les plats vides,
    Nul ne flaire mieux
    Bouquet de vin vieux.

Bref, pour bien figurer à table,
J'ai la mine assez respectable.
    Sois épicurien;
    Tout le reste n'est rien.

    Des vrais boute-en-train
C'est chez eux qu'est la pépinière.
    Jamais le chagrin
Ne s'abrita sous leur bannière.
    C'est là que l'on rit
    De ces gens d'esprit
Dont la fausse philanthropie
Ne rêve que sotte utopie.
    Sois épicurien;
    Tout le reste n'est rien.

    Laissons quelques fous
Railler le dogme d'Épicure :
    C'est qu'ils sont jaloux
Du bien-être qu'il nous procure.
    Grondeurs en défaut,
    On sait ce qu'il faut
Pour que votre morgue se taise :
Bons dîners changent votre thèse.
    Sois épicurien;
    Tout le reste n'est rien.

Vous voyez, amis,
Que mon évangile est le vôtre :
Qu'il me soit permis
D'en devenir aussi l'apôtre.
Je peux, s'il me plaît,
Tourner un couplet
A vous dilater la prunelle,
Et j'adopte pour ritournelle :
Sois épicurien;
Tout le reste n'est rien.

RIEN QU'UNE ROSE.

Air : *Laissez les roses aux rosiers.*

Que j'aime ton riant parterre,
Diapré de vives couleurs !
Le bel arbuste de Cythère
Au centre épanouit ses fleurs.
Ah ! combien ce trésor t'expose,
Si tu ne sais te défier !
Pour moi, je ne veux qu'une rose,
Une rose de ton rosier.

Des maraudeurs voudront te prendre
Bientôt jusqu'aux boutons naissants :

Faut-il t'aider à t'en défendre?
Rien qu'une rose, et j'y consens.
Mais je veux la première éclose,
Et ne sais comment la payer :
J'offre un baiser pour une rose,
Une rose de ton rosier.

Dominant toute la corbeille,
Ta rose appelle un aiguillon :
Je veux la soustraire à l'abeille,
Je la dispute au papillon.
L'inconstant qui partout se pose
N'aura qu'un amour printanier :
J'aimerai toujours une rose,
Une rose de ton rosier.

Qui tombe dans tout son prestige
Fait l'orgueil de ses successeurs,
La rose mourant sur sa tige
Est un deuil pour ses jeunes sœurs,
Un jour de trop la décompose ;
Que son plus beau soit son dernier,
Laisse-moi cueillir une rose,
Une rose de ton rosier.

Mais ton joli front se colore
Du tendre incarnat de ta fleur,

Et sur ma lèvre qui t'implore
Ton œil laisse tomber un pleur.
Ah ! pour le transport qu'il me cause,
Enfant, prends mon cœur tout entier,
Mon cœur qui t'emporte une rose,
Une rose de ton rosier !

LE PAPA VIEUX-TEMPS.

Air des Pantins.

Ah ! qu'il est cocasse,
Le papa Vieux-Temps,
Qui toujours jacasse
Contre nos vingt ans !

Son œil caverneux n'   plus un sourire,
Et son front blanchi n'a plus un cheveu.
S'il dit quatre mots, c'est une satire ;
Tout ce qui nous plaît a son désaveu.
Mais son bon vieux temps ne nous séduit guère,
Et, quoique notre âge ait tous ses dédains,
Malgré le barbon qui nous fait la guerre,
Nous rirons toujours des vieux muscadins.

    Ah ! qu'il est cocasse, etc.

Voyez, nous dit-il, vos jeunes maîtresses,
Dont l'ampleur vous fait tant d'illusion :
Quand vous approchez de ces forteresses,
Ne craignez-vous pas quelque explosion ?

Bon papa Vieux-Temps, votre goût décline;
Vous blâmez en vain leurs accoutrements:
Nous aimons bien mieux une crinoline
Que l'étroit fourreau de nos grand'mamans.

      Ah! qu'il est cocasse, etc.

Ne nous vantez plus vos caricatures,
Chapeaux en auvent, manches à gigots,
Aux seins étranglés portant leurs ceintures:
Les Chinois n'ont pas plus vilains magots.
Regardez plutôt nos fraîches grisettes,
Aux tailles de guêpe, aux fronts découverts;
Si ces lutins-là vous faisaient risettes,
Vous auriez bientôt la tête à l'envers.

      Ah! qu'il est cocasse, etc.

Vous nous appelez jeunesse chétive;
N'attaquez-vous pas, entre autres abus,
Nos bouches fumant en locomotive,
Nos cheveux trop longs, nos mentons barbus?
Étiez-vous plus beaux, vous qui d'une lieue
Sentiez le tabac souillant vos jabots,
Les cheveux serrés en drôle de queue,
Qui vous sautillait si bien sur le dos?

      Ah! qu'il est cocasse, etc.

Bon papa Vieux-Temps, calmez votre bile:
Avec vos vingt ans les nôtres iront.

Laissez faire au temps, ce vieillard mobile,
Qui fuit le cœur jeune et la ride au front.
La mode avec lui gouverne en tartare :
Laissez-nous chanter ses exploits follets.
Nous vous pardonnons la vieille guitare,
La culotte courte et les faux mollets,

    Ah! qu'il est cocasse,
    Le papa Vieux-Temps,
    Qui toujours jacasse
    Contre nos vingt ans!

TOUT ÇA POUSSE.

Air du Vieux braconnier.

La campagne se réveille,
Les lilas sont en boutons;
On a vu pleurer la treille
Et voler des hannetons.
Oh! qu'il fait bon sur la mousse!
Fleurs d'amour, fleurs de printemps,
    Tout ça pousse
    En même temps.

Quel beau concert font les canes
Et les coqs sur leur fumier,
Les cochons, les bœufs, les ânes,
Les garçons et le fermier,

Les chats, les chiens, la servante,
La mare et ses habitants!
    Tout ça chante
    En même temps.

Au bal, près de la colline,
Les garçons pressent joyeux
Des hanches sans crinoline,
Mais qui n'en sautent que mieux.
Corsages pleins d'opulence,
Jupons courts aux plis flottants,
    Tout ça danse
    En même temps.

Mais la faim commande aux joies,
Et range au même niveau
Les gens d'esprit et les oies,
Fille, garçon, vache et veau.
Amant régalant un ange,
Maris battus et contents,
    Tout ça mange
    En même temps.

Le vin bleu, fête éternelle,
Qui babille dans les pots,
Circule sous la tonnelle
Avec les malins propos.
Vin qui tape sur la boule,

Pleurs du rire aux yeux chantants,
Tout ça coule
En même temps.

Poussez, fleurs; chantez, grenouilles;
Dansez, filles et garçons;
Dans les gosiers que tu mouilles,
Bon vin, coule des chansons.
La vie a si peu d'espace!
Ivresse, amour et printemps,
Tout ça passe
En même temps.

LE MAI.

Air à faire.

Bel arbre de nos pensées,
Qui t'a planté, cette nuit,
Devant notre humble réduit?
Joli mai des fiancées,
Es-tu destiné pour moi?
Ma sœur, serait-ce pour toi?
Pour nulle autre il ne peut être,
Non, non, non, non, sur ma foi,
Et nous allons voir paraître
L'amant qui promet sa foi.
Ah!
L'amant qui promet sa foi.

Vois-tu ce poudreux nuage?
C'est le cortége joyeux,
Qui s'avance vers ces lieux.
Écoute : aux chants du bocage
Violons et tambourins
Déjà mêlent leurs refrains.
Oh! comme mon cœur palpite!
Est-ce Jacques? est-ce Julien?
Bonne sœur, ton cœur s'agite
Au moins autant que le mien.
      Ah!
Est-ce Jacque? est-ce Julien?

Voici finir notre attente.
Sœur, les distingues-tu bien?
Quoi! ni Jacques ni Julien!
Serait-ce pour notre tante?
C'est la seule de chez nous
Qui n'espère plus d'époux.
Ah! vraiment, c'est bien pour elle,
Car le vieux Jérôme est là.
Un amant trente ans fidèle,
A-t-on jamais vu cela?
      Ah!
A-t-on jamais vu cela?

ÇA M'ÉTONNE.

Air du Vieux braconnier.

Ballotté comme un pendule
Entre l'erreur et le vrai,
Je cesse d'être incrédule,
Sans trop savoir où j'irai.
Tout raisonneur déraisonne;
L'absurde est la loi des lois.
    Ça m'étonne,
    Mais j'y crois.

Avez-vous vu la comète,
Et raillé tout vieux devin
Qui veut que l'astre promette
Un déluge de bon vin?
Sa queue a rempli ma tonne
Du jus divin que je bois.
    Ça m'étonne,
    Mais j'y crois.

Tous les sages nous le prouvent,
Le travail est un trésor;
Mais il est des gens qui trouvent
Que la Bourse est mieux encor.

14.

Se peut-il que l'on moissonne
Un or qui tache les doigts?
        Ça m'étonne,
        Mais j'y crois.

L'histoire doit être gravé
Sur de glorieux trépas :
« La garde meurt, » dit un brave,
« Mais elle ne se rend pas ! »
Et l'on prétend que Cambronne
A d't un mot moins courtois.
        Ça m'étonne,
        Mais j'y crois.

Fillette, dit un proverbe,
Pour garder ton cœur en paix,
Ne vas pas jouer sur l'herbe
Ni dans un bois trop épais.
Quand sous sa verte couronne
On va deux, on revient trois.
        Ça m'étonne,
        Mais j'y crois.

Nicolas, âme damnée,
Compte cinquante printemps,
Et conduit à l'hyménée
Un cœur qui n'a pas vingt ans.

On dit qu'au front qui grisonne,
L'amour fait pousser du bois;
Ça m'étonne,
Mais j'y crois.

L'HYMEN RAJEUNIRA TON CŒUR.

Air : *La bohémienne en a menti.*

Ami, ton printemps est passé ;
Voici la sévère trentaine.
Au gré d'une mer incertaine
Tu vogues seul, triste et lassé,
L'hymen à ton cœur solitaire
Offre son havre protecteur.
Aborde enfin, célibataire ;
L'hymen rajeunira ton cœur.

Insensé qui veut retenir
L'amour au cortége frivole!
Malgré tout, l'inconstant s'envole
Dès qu'il voit un front se ternir.
Avant que le tien ne se fane
Sous un sillon réprobateur,
Délaisse cet amour profane ;
L'hymen rajeunira ton cœur.

Le temps ne cesse de frapper,
Et bientôt, sur son aile active,
Comme une brise fugitive
L'illusion va t'échapper.
Il est temps de le reconnaître,
Tu trouveras le vrai bonheur
Quand tu verras un fils te naître;
L'hymen rajeunira ton cœur.

Pour nous-mêmes nous n'osons plus
Prétendre au vase d'ambroisie
Dont la fortune rassasie
Ses heureux mais rares élus.
Pour un fils on rêve, on espère
Une part de cette liqueur
Qui jamais n'abreuva le père;
L'hymen rajeunira ton cœur.

La femme est un triple bienfait
Que notre ingratitude offense;
C'est le tendre appui de l'enfance
Et le charme de l'homme fait.
Le vieillard en quittant la terre
La trouve à son lit de douleur.
Ah! n'attends plus, célibataire!
L'hymen rajeunira ton cœur.

DÉCEPTIONS.

Air : *Muse des bois et des accords champêtres.*

J'ai vingt-huit ans ; au banquet de la vie,
Convive obscur, j'ai pris mon humble part.
Voici la table à moitié desservie :
Bientôt viendra le moment du départ.
Avant d'entrer dans l'aride carrière
Qu'aux hommes mûrs ouvre l'aile du temps,
Je veux jeter un regard en arrière.
Quel triste rêve a bercé mon printemps !

Enfant du peuple, aux fils du privilége
Assimilé par l'étude et les jeux,
J'ai cru, marchant leur égal au collége,
Être encor tel dans leur monde orageux.
Je n'ai trouvé, déception amère !
Que froid accueil ou rires insultants,
Et je n'ai plus les baisers de ma mère.
Quel triste rêve a bercé mon printemps !

Je me suis dit : « Le culte poétique
» Me vengera de ces riches railleurs.
» Muses, venez ; votre couronne antique
» Ceindra mon front de consolantes fleurs. »

Dans ce sentier où ma vaine jeunesse
Cherchait la rose aux parfums exaltants,
Je n'ai cueilli que l'épine traîtresse.
Quel triste rêve a bercé mon printemps !

Sincèrement j'adorais une femme ;
J'étais payé d'un bien tendre retour.
Novice encore aux misères de l'âme,
J'osai promettre un éternel amour.
Je fus heureux ; mais la douce habitude
Glissa l'ennui dans ces trop courts instants,
Et de l'ennui naquit l'ingratitude.
Quel triste rêve a bercé mon printemps !

LA CHANSON POPULAIRE.

Air de la Fermière (DARCIER).

Il est un étrange lutin,
   A la tête éventée,
Grave ou fou, sage ou libertin,
   Plus changeant que Protée,
Aujourd'hui s'enivrant d'amour,
   Et demain de colère :
C'est la muse du carrefour,
   La chanson populaire.

D'où vient-elle? du cabaret,
　　Du salon, du théâtre?
On n'en sait rien. Elle apparaît :
　　La foule l'idolâtre.
C'est un concert étourdissant.
　　Mais elle a beau déplaire :
On fredonne, en la maudissant,
　　La chanson populaire.

Les chansonniers, lynx envers eux,
　　Se déchirant l'un l'autre,
Font si bien haut des fonds vaseux
　　Où le refrain se vautre.
Pas un qui ne décoche un trait
　　Au succès d'un confrère,
Pas un qui n'envie en secret
　　La chanson populaire.

Refrain grivois, chant de bonheur,
　　Ou simple rêverie,
S'adjoint-elle, suprême honneur !
　　L'orgue de Barbarie?
Bourreau du système nerveux,
　　Qu'hélas! la loi tolère,
Elle fait dresser les cheveux,
　　La chanson populaire.

Framboisy, les Petits agneaux
    Ont fait leur tour de France.
Maintenant quels refrains nouveaux
    Auront la préférence?
Depuis longtemps on n'entend rien.
    Coquette aventurière,
S'est-elle enfuie avec *Bastien*,
    La chanson populaire?

Elle est en deuil : elle a suivi
    Tant de convois funèbres!
Mais, quoique la mort ait ravi
    Ses fils les plus célèbres,
Elle ne court aucun danger;
    Dès qu'un beau feu l'éclaire,
Elle improvise un Béranger,
    La chanson populaire.

20 avril 1860.

FIN.

TABLE

FIN DE LA TABLE.

Paris. — Imprimerie de EDOUARD BLOT, rue Saint-Louis, 46.

www.ingramcontent.com/pod-product-compliance
Lightning Source LLC
Chambersburg PA
CBHW072036080426
42733CB00010B/1914